Christine Gruler
Arno Specht

W0360388

Geisterstätten Dresden

Vergessene Orte

Mit Fotos von Adrian Specht, Arno Specht
und Peter Zuber

Jaron Verlag

Die Autoren
Christine Gruler: CG
Arno Specht: AS

Die Fotografen
Adrian Specht: 23, 28, 48, 49, 52, 54/55, 87
Arno Specht: 24/25, 26 (l.), 26 (r.), 27, 29, 30, 32/33, 34, 47, 53, 56, 58, 65, 66, 67 (l.), 67 (r.), 68/69, 83, 84/85, 86, 88
Peter Zuber: 7, 8 (l.), 8 (r.), 9, 10/11, 12, 13 (o.), 13 (u.), 14, 15, 16 (o.), 16 (u.), 17, 18/19, 20, 21, 22 (l.), 22 (r.), 31, 35, 36, 37, 38/39, 40, 41, 42/43, 44, 45, 46, 50/51, 57, 59, 60, 61, 62/63, 64, 71, 72, 73, 74/75, 76, 77, 78, 79 (l.), 79 (r.), 80/81, 82, 89, 90, 91 (l.), 91 (r.), 92/93, 94, 95 (o.), 95 (u.), 96

Originalausgabe
1. Auflage 2013
© 2013 Jaron Verlag GmbH, Berlin
Alle Rechte vorbehalten. Jede Verwertung des Werkes und aller seiner Teile ist nur mit Zustimmung des Verlages erlaubt. Das gilt insbesondere für Vervielfältigungen, Übersetzungen, Mikroverfilmungen und die Einspeicherung und Verarbeitung in elektronischen Medien.
www.jaron-verlag.de
Umschlaggestaltung: Bauer + Möhring, Berlin, unter Verwendung eines Fotos von Peter Zuber (Luftschiffer- und Nachrichtenkaserne Übigau)
Satz und Layout: Prill Partners | producing, Barcelona
Lithographie: Bild1Druck GmbH, Berlin
Druck und Bindung: AZ Druck und Datentechnik GmbH, Berlin

ISBN 978-3-89773-927-7

Inhalt

Vorwort

Was bleibt, wenn die Menschen fortgehen? Die Suche nach Antworten auf diese Frage fasziniert immer wieder aufs Neue. Aufwendig produzierte TV-Sendungen simulieren mit vielen Effekten die Zeit danach. Im Zeitraffer zeigen sie, wie die Natur einst von Menschen genutzte Orte zurückerobert. Gebautes wird erst fleckig und dann brüchig, Pionierpflanzen erobern das frei gewordene Terrain – und irgendwann bleiben von der Zivilisation nur noch vage Spuren: Endzeitstimmung.

Vergessene Orte gibt es jedoch nicht nur im Fernsehen. Man findet sie auch direkt vor der eigenen Haustür. Orte, die aus der Geschichte gefallen sind. Gebäude, die keiner mehr braucht. Plätze, an denen einst Menschen lebten, arbeiteten, ihre Freizeit verbrachten und an denen jetzt Stille herrscht.

Der Besuch dieser Orte ist eine spannende Zeitreise. Man taucht ein in die Historie, versetzt sich in die Vergangenheit – und lässt innerlich einen ganz eigenen Film entstehen: Was war hier einmal? Wie sah es hier aus, als es noch nicht nach Moder roch und der Wind durch zerbrochene Fenster pfiff? Dabei ist man auf sich selbst angewiesen, denn anders als in einem Museum finden sich keine erklärenden Texte oder Hinweistafeln. Die Orte sprechen für sich – und hüten auch beharrlich ihre Geheimnisse.

Auf den ersten Blick wirkt der Besuch von Ruinen oft deprimierend. Schließlich sind Leere, Verfall und Verlassenheit gemeinhin keine positiv besetzten Begriffe. Auf den zweiten Blick aber entfaltet der Verfall auch seine ganz eigene Ästhetik: Durch Rostblumen, abblätternde Farbe oder zartes Grün inmitten von Beton entstehen Kunstwerke fernab jeder menschlichen Einflussnahme. Die Zerstörung lässt Neues entstehen. Um mit Michail Bakunin zu sprechen: »Die Lust der Zerstörung ist zugleich eine schaffende Lust!«

Anders als im Sinne Bakunins findet die Zerstörung hier freilich nicht aktiv statt – die pure Vernachlässigung reicht vollkommen aus. Und Orte, an denen man deren Ergebnisse entdecken kann, gibt es viele in Dresden und Umgebung. Vor allem der politische Umsturz der Jahre 1989/90 sorgte für Umbrüche, die sich bis heute im Stadtbild widerspiegeln. Ganze Industriekomplexe wurden stillgelegt und werden, im Wortsinn, langsam zu blühenden Landschaften. Staatstragende Institutionen verloren ihre Daseinsberechtigung. Und der Abzug der Roten Armee ließ ganze Geisterstädte entstehen.

Das vorliegende Buch führt den Leser an einige dieser Orte. Es begleitet ihn in das einstige Lahmann-Sanatorium, in dem der Charme der Gründerzeit bis heute dem Verfall trotzt. In die Luftschifferkaserne, in der die militärische Ordnung der Anarchie der Verwahrlosung gewichen ist. In die Villa Bienert, wo sich die großbürgerliche Prachtentfaltung zwischen Moos und Fäulnis noch erahnen lässt. In das Schloss Übigau, das bis heute auf die Erweckung aus dem Dornröschenschlaf wartet.

Wie bereits der 2010 erschienene und überaus erfolgreiche Band über die Geisterstätten in Berlin und Umgebung ist auch dieses Buch kein Reiseführer im klassischen Sinne – und dies aus mehreren Gründen. Zum einen ist ein Besuch der vorgestellten Orte nicht ungefährlich: Der Weg zu den verborgenen Schätzen führt über zugewachsene Wege, verfaulte Dielen und baufällige Treppen – nicht nur bei vermoderten Dachbalken besteht stets die Gefahr, dass der nächste schon bald seinen Weg nach unten sucht und findet. Zum anderen macht die Abwesenheit von Menschen gerade den besonderen Reiz dieser Orte aus: Sie sind auf ihre ganz besondere Weise Stätten der Ruhe inmitten der Stadt.

Hinzu kommt, dass sich schon bei Erscheinen dieses Buches mehrere der hier beschriebenen Orte anders präsentieren, als auf den folgenden Seiten vorgestellt. Dresden zählt zu den dynamischsten Städten Ostdeutschlands, und mit einigen der gezeigten Objekte hat es das Schicksal während der Arbeit an diesem Buch gut gemeint: Das Lahmann-Sanatorium und auch das Speisehaus des VEB Strömungsmaschinen Pirna werden gerade zu exquisiten Wohnungen umgebaut, das »Blaue Haus« des Zentralinstituts für Arbeitsschutz zu einer Stätte altengerechten Wohnens. Die hier veröffentlichten Texte und Bilder sind daher als Momentaufnahmen zu verstehen – als Momentaufnahmen aus der wechselvollen Geschichte einzelner Gebäude, in denen stets auch die große Geschichte ihre Spuren hinterließ.

AS

Die Heilstätte der Privilegierten

Lahmann-Sanatorium

Der Nackten auf dem Sockel fehlen die Hände und ein Bein. Das steigert ihre steinerne Schönheit wirkungsvoll. Und passt ins pittoreske Szenario des Verfalls, das sich rund um die lädierte Nackte darbietet. Im prüden Reich Kaiser Wilhelms, in dem sie erschaffen wurde, war Nacktheit ja eigentlich verpönt. Im Kontext historischer Zitate aber durften steinerne Damen auch mal hüllenlos präsentiert werden – schließlich waren auch die Meisterwerke antiker Bildhauer eher spärlich bekleidet. Und die Antike wurde in der Blütezeit des Historismus gern zitiert.

Orts- und Epochenfremdes wurde auch bei der Villa am heutigen Ein-

Wartet auf Erlösung: Das Lahmann-Sanatorium im Dornröschenschlaf

Längst nicht alles ist morsch: Marodes Fachwerk neben guterhaltener Decke

gang des 35 Hektar großen Sanatorium-Areals zitiert: Sie kommt – fernab des Hochgebirges – im alpenländischen Stil daher, großzügig verziert mit Fachwerkelementen und hübschen Schnitzereien. Von außen wirkt sie auch noch recht gut erhalten. Doch der Schein trügt. Im Innern bieten fehlende Böden Durchblick auf mehrere Geschosse. Einige der farbigen Bleiglasfenster verbreiten noch einen winzigen Rest feierlichen Charakters. Doch von den Wänden blättert die Farbe, und bunt bedruckte Tapeten auf sowjetischer Zeitungsgrundierung rollen sich von den Wänden. Sie erinnern an die letzten Nutzer. Denn für viele Jahre war das Lahmann-Sanatorium, zu dessen Komplex auch die Villa gehört, in der Hand der russischen Besatzer. Davor diente es als Lazarett. Zeiten, in denen der einstige Repräsentationsbau ein reines Zweckgebäude war.

Doch gibt es sie noch, die Zeugen des mondänen Kurlebens um die vorletzte Jahrhundertwende. Wandelgänge mit Kreuzgewölben. Eine in Nachtblau und Bordeaux bemalte Holzdecke im Speisesaal – durch Goldlack festlich gehöht. Für einen kurzen Moment sehen wir einen akkurat gescheitelten Herrn vor unserem inneren Auge, der einer Dame im bodenlangen Kleid galant den Stuhl beiseite rückt. Der Boden, über den einst die Stuhlbeine geschoben wurden, ist verstaubt. Doch noch immer ist er schön anzusehen, hier und auch in den Bädern: Steinzeugfliesen aus dem Hause Villeroy und Boch, mal in geometrischer Strenge von Mäandern gerahmt, mal in floraler Ornamentik.

Die Pracht setzt sich fort an den Wänden der Bäder und Küchen des 1897 erbauten Heinrichshofes. Hier wohnte der Arzt, der Villa und Sanatorium den Namen gab: Dr. Heinrich Lahmann. Er gilt als einer der Propheten der Lebensreformbewegung. Als Wegbereiter der wissenschaftlichen Naturheilkunde, ja als der erste wissenschaftlich arbeitende Naturarzt sogar. In seinem kurzen Leben – er starb 1905 im Alter von 45 Jahren an den Folgen einer Grippe – hielt er all seine in der Therapie gemachten Erfahrungen schriftlich fest. Um die schonende Zubereitung von Gemüse mit Dampf geht es da. Um den Säure-Basen-Ausgleich durch Nährsalze. Falsche Ernährung thematisierte Lahmann als Ursache für eine falsche Zusammensetzung des Blutes. Seine Erkenntnisse vermittelte der approbierte Arzt in Vorträgen auch einer breiteren Öffentlichkeit. Und polemisierte dabei gern und frei von der Leber weg gegen die Schulmedizin.

Wer war dieser Reformer an der Schwelle zur Moderne? Vor allem war er ein Vollbluttherapeut. Einer, der selbst am Tag seiner Hochzeit noch mit aufgekrempelten Ärmeln von der Massagebank geholt werden musste – die Braut Louise war schon in Tränen aufgelöst.

Große Vergangenheit: Auch Franz Kafka erholte sich einst im Herrenbad

Wir schreiben das Jahr 1888. Wenige Monaten zuvor hat Heinrich Lahmann das abgewirtschaftete Fridabad auf dem Weißen Hirsch übernommen und neueröffnet. 385 Kranke werden angelockt vom guten Ruf des 238 Meter hoch über dem Elbtal gelegenen Villen- und Thermalorts – ein Ruf, den vor allem der junge Arzt prägt, der dort therapiert. Mit fachlichem Können, Charisma und nicht zuletzt einem ausgeprägten Organisationstalent gelingt es dem Kaufmannssohn aus Bremen, die Schar der Kurgäste binnen weniger Jahre in den vierstelligen Bereich zu katapultieren. 1903 sind es 3500 Gäste, die sich von Lahmann und seinen Adepten behandeln lassen – darunter auch der an einem überzarten Nervenkostüm leidende Franz Kafka. Noch lange nach seinem Kuraufenthalt lässt der sich regelmäßig einen Gugelhupf nach dem Rezept von Dr. Lahmann zubereiten.

Steinerne Schönheit

Überhaupt ist die Küche legendär. Mit zwanzig individuellen Diäten wirbt das Sanatorium in einer Anzeige. Es verspricht Nahrungsmittel von drei eigenen Gutshöfen. Vor allem von Gut Friedrichsthal bei Radeberg bezieht Lahmann hochwertiges Fleisch, Gemüse, Eier, Milch und Obst für die Diätküche. Und wer ungern, wie von Lahmann zuvorderst empfohlen, vegetarisch speist und auch ansonsten eher ungezügelt isst, kann überflüssige Pfunde im Park des Sanatoriums und in der angrenzenden Heide verlieren.

Es muss ein erheiterndes Bild gewesen sein: Dickbäuchige Generäle mit wilhelminisch gezwirbelten Bärten sägen vergnügt und bis auf einen Baumwollschurz vollkommen nackt Holz am Rand der Dresdner Heide. Prinzessinnen recken in Lichthütten ihre blassen Nasen der Sonne entgegen. Fast 4000 Gäste sind es 1905, im Todesjahr des Sanatoriumsgründers, ein Drittel von ihnen aus dem Ausland. Der Portier, so geht die Sage, habe sieben Sprachen beherrscht. Und auch nach Lahmanns Tod hält sich der gute Ruf: Noch Jahrzehnte spä-

Rechte Seite: Die Therapie-Tempel boten reichlich Licht, Luft und Wasser
Vorige Doppelseite: Unter den Kolonnaden wandelten einst illustre Gäste

ter turnen Ufa-Stars wie Marika Rökk unter der Ägide der Therapeuten auf den Höhen über der Elbe.

Licht, Luft, Bewegung – Lahmann war am Puls seiner Zeit und zugleich visionär mit einem Behandlungskonzept, das unter dem hochaktuellen Begriff der Ganzheitlichkeit zu fassen ist. Er wusste um die Wichtigkeit von Gemeinschaft und persönlichem Gespräch. Er wusste um die suggestive Kraft seines Wesens. Er wusste vor allem um die Kraft der Natur. »Natura Sanat«, steht über dem klassizistischen Portal des Fridabades: »Die Natur heilt.«

Kontraste: Schimmel im Damenbad

Im Damenbad kontrastieren Tauchbecken mit elfenbeinfarbenen Fliesen in einer Art Endzeitszenario mit moosigem Grün. Eine Uhr ohne Zeiger zeugt vom langen Verfall vor schwefelig gelben Wänden. Gegenüber, im Herrenbad, öffnet ein monumentales, in schönen Linien geschwungenes Fenster den Blick in die Natur, in die angrenzende Dresdener Heide, den Grüngürtel im Norden der Stadt. Hochgewachsene Bäume recken ihre mächtigen Kronen in den Himmel. Ein erhebender Anblick, im Akkord mit dem Gesang der Vögel Balsam für Leib und Seele. Wellness der vorletzten Jahrhundertwende.

Das Sanatorium selber wartete lange auf eine Wellness-Kur. Über Jahrzehnte. Jetzt soll es saniert werden, Eigentumswohnungen in historischem Ambiente sind geplant. Und trotz fauliger Balken, zerbrochener Fenster und fehlender Ziegel: Die Heilungschancen stehen gut. CG

Der Landsitz der Diktaturen

Neues Jägerhaus in Grillenburg

Laubbäume rauschen sanft am Ufer des Teichs. Nadelbäume wiegen sich leise im Wind. Es sind Fichten, Tannen, Lärchen und Kiefern – allesamt heimische Hölzer. Sie umrahmen das Haus auf dem Hügel. Dessen hohes Walmdach, Gauben und Sprossenfenster sind typisch für einen Stil, den man seinerzeit als »Heimatschutzstil« bezeichnete. Die Laternen sind mit stilisiertem Eichenlaub verziert.

Heute sind die Fenster vernagelt. Das Haus ist verschlossen – und über der scheinbar so beschaulichen Szenerie mitten im Tharandter Wald liegt ein Schatten. Es ist der Schatten eines der schwärzesten Kapitel sächsischer Geschichte. Ein Schatten, der bis in die Gegenwart reicht. Über Strohmänner versuchten rechtsradikale Kreise jüngst, der leerstehenden

Kein unschuldiges Idyll: In Grillenburg spukte brauner Geist

Immobilie habhaft zu werden. Ohne Erfolg. Zum Versammlungsort brauner Umtriebe soll der Bau nicht verkommen. An diesem mittlerweile von allen Geistern seiner wechselvollen Geschichte verlassenen Ort soll der braune Geist nicht wieder spuken.

Diesem Geist war einst der Bauherr des Neuen Jägerhauses gefolgt. Mit Jagdhorn und Gamsbart thront er noch heute als steinernes Relief über dem bogenförmigen Eingang. Nur das Hakenkreuz wurde irgendwann aus der Armbinde herausgemeißelt. Das Gesicht ist aber noch gut zu erkennen. Es ist das Gesicht von Gauleiter Martin Mutschmann.

Er verdankte Hitlers Regime viel. Ursprünglich war Mutschmann Spitzenfabrikant in Plauen. 1931 fiel er in Konkurs. Die Schuld dafür gab er den Juden. 1933 verhalfen die neuen Machthaber dem gescheiterten Fabrikanten mit der niedrigen Mitgliedsnummer wieder zu einem mehr als auskömmlichen Dasein: Er wurde Gauleiter und Reichsstatthalter in Sachsen. Den neugewonnenen Einfluss kostete er aus – mit einer brutalen Jagd gegen politische Gegner und auch Widersacher aus den eigenen Reihen. In seiner Freizeit jagte er Wild, schließlich war er auch Landesjägermeister. Ein Gästehaus für den Sächsischen Jägerhof, der im benachbarten Jagdschloss entstanden war, war daher eine standesgemäße Investition.

Der Hausherr bläst zur Jagd

Mutschmanns Konterfei über der Tür ist gesäumt von Hirschen, Rehen, Füchsen, Gänsen und weiterem heimischen Getier. Die Tiere sind in größter Naivität dargestellt – ebenso die Waldtiere auf den verstaubten Kacheln der Jägergarderobe unter rostigen Haken. Doch bei aller vermeintlichen Harmlosigkeit und kleinbürgerlichen Ästhetik im Detail: Das 1939

Linke Seite: Heimische Hölzer und volkseigene Tapete im Innern des Hauses

Ein Platzhirsch vergangener Tage

fertiggestellte Haus spiegelt den Wunsch nach Größerem wider. Schon der am Fuß des Hangs aufgestellte überlebensgroße Hirsch aus Bronze verrät es: Mutschmann und seine Entourage wollten sich mit einer Architektur umgeben, die es mit den Jagdresidenzen der einstigen Fürsten aufnehmen konnte. Die SS-Elite, der er angehörte, glaubte sich in einer Traditionslinie mit der sächsischen Monarchie. Ein weitläufiges Foyer, ein Saal von noch großzügigeren Dimensionen künden im Erdgeschoss hiervon. Die gesamte Breite der Vorderfront füllt der Saal aus – es ist der größte Raum im Haus.

Heute ist der Saal sämtlichen Mobiliars beraubt. Staub hat sich auf die Dielenbretter gelegt. Fahl scheint etwas Licht durch die vernagelten Fenster in die Halle. Eine gewisse Würde strahlt sie immer noch aus. Die hölzerne Wandvertäfelung hat sich überraschend gut gehalten. Nur dort, wohin sich das Hauptaugenmerk instinktiv richtet, klafft ein riesiges Loch: Die hohle Stelle über dem offenen Kamin füllte einst ein monumentales Intarsienbild aus. In Holz gelegte germanische Jagdszenen dokumentierten die völkische Weltanschauung. Entworfen hat sie der Münchner Künstler Max Wendl. Seine Arbeiten waren kurioserweiser einige Jahre vor dem Bau des Jagdhauses als »entartet« verfemt worden.

Vorige Doppelseite: Sonnensymbol im Parkett des Foyers

Welche Ironie des Schicksals, dass sich – knapp drei Jahrzehnte nach Mutschmanns Jagdgesellschaften – auch Fidel Castro am Kaminfeuer wärmte. Und nicht nur er: Im Frühjahr 1968, als kommunistische Staatschefs aus aller Welt in Dresden zu einer Krisensitzung zusammenkamen, diente das Jägerhaus der sowjetischen Delegation als Unterkunft. Auf der Tagesordnung stand damals nur ein Thema: Wie soll man auf die Versuche der Prager Genossen reagieren, die den »Kommunismus mit menschlichem Antlitz« wagten? Die in Grillenburg gefällte brutale Entscheidung ist in die Geschichtsbücher eingegangen.

Überhaupt schätzten die überzeugten Antifaschisten der DDR die einstige Freizeitresidenz des NS-Führers als Tagungs- und Erholungsort. Speziell für Verfolgte des Hitler-Regimes war es gedacht, benannt wurde es nach der KPD-Politikerin Elsa Fenske. Auf Umbauten wurde weitgehend verzichtet, und die Spuren der Nachkriegszeit sind folglich überschaubar: Kugellampen im typischen 1960er-Jahre-Design künden ebenso von der kommunistischen Ära wie der allgegenwärtige Geruch von DDR-Linoleum, der bis heute über den Treppenstufen steht.

Ein einsamer Billardtisch erinnert an geselliges Beisammensein im einstigen Erholungsheim. Die letzte Kugel rollte schon vor langer Zeit. Die klaren Formen des Tisches korrespondieren mit dem modern-mondänen Innenausbau, der einen eindeutigen Paten hat: das luxuriöse Kreuzfahrtschiff. Schmale Treppen verbinden die Etagen. Ein Band kleinformatiger Fenster erinnert an eine Reihe Bullaugen. Besonders in den winzigen, für Mutschmanns Treiber vorgesehenen Räumen im Längstrakt wähnt man sich noch heute an Bord eines Schiffs. Wie Kojen wirken sie, und in allen Details ist Holz zu bewundern. Holztäfelchen verraten auch, was man zu bewundern hat: »Wurzelbirke – gebeizt und gebürstet«. Oder: »Wände: Rüster gemessert,

Yacht-Atmosphäre: Flur im Obergeschoss

Waidmannsheil: Tiermotive und Eichenlaub zieren den Bau

Decke: Rüster geschält.« Ein ganzer Katalog heimischer Hölzer in unterschiedlichsten Arten der Holzbearbeitung entfaltet sich da. Ein begehbarer Katalog, den die tatsächlich auch im Schiffsinnenausbau geübten Deutschen Werkstätten Hellerau geschaffen haben – wenn auch nicht ganz freiwillig.

Denn das reformbewegte Unternehmen aus der ersten deutschen Gartenstadt war allenfalls national, keineswegs jedoch nationalsozialistisch gesinnt. Doch Oswin Hempel, der in Grillenburg für den Innenausbau verantwortlich zeichnete, hatte einen überaus regimetreuen Kollegen: Wilhelm Jost, Spross der konservativen Stuttgarter Schule um Paul Bonatz und Architekt des Neuen Jägerhauses, ließ sich aus Überzeugung für Mutschmanns Belange einspannen. Er entwarf neben Jägerhaus, Bootshaus und Kegelbahn auch einen bombensicheren Keller, in den sich der Gauleiter im Notfall zu retten gedachte. Luftschutzanlagen für die Dresdner Bevölkerung hatte Mutschmann dagegen gänzlich vernachlässigt. Die schrecklichen Folgen sind bekannt.

Heute wächst im Tharandter Wald längst Gras und Moos über dem unfriedlichen Kapitel. Und mit ein wenig Glück wird womöglich bald die Sächsische Landesstiftung Natur und Umwelt zum neuen Besitzer des Neuen Jägerhauses und des benachbarten Jagdschlosses. CG

Der Traum vom Fliegen

Speisehaus des VEB Strömungsmaschinen Pirna

Es war ein Traum. Ein Traum, so alt wie die Menschheit. Dädalus und Ikarus machten ihn als Erste wahr. Wie Vögel wollten sie fliegen, in die Freiheit, in den Himmel – und Ikarus auch der Sonne entgegen. Das Ende der Geschichte ist bekannt. Es ist eine Geschichte des Freiheitsdrangs – aber auch eine der Selbstüberschätzung, des Leichtsinns und des fatalen Scheiterns. Es ist auch eine Geschichte, die man als Warnung vor einem übersteigerten Glauben an das Machbare im Kampf mit der Natur interpretieren kann.

Durch das Treppenhaus des Speisehauses des VEB Strömungsmaschinen in Pirna fliegt Ikarus bis heute. Und neben ihm haben die Dresdner Künstler Kroth und Dolinski mehrere Ikonen der Luftfahrtgeschichte auf den Putz gebannt – vom Flugpionier Otto Lilienthal bis zum Satelliten Sputnik. Das zwei Stockwerke hohe Wandgemälde steht für den Traum, der in diesem Gebäude geträumt wurde. Auch dieser Traum begann mit viel Euphorie und endete mit einem Absturz. Es war der Traum von einem zivilen Flugzeugbau in der DDR.

Prunk im VEB: Kronleuchter und viel Glas

Am Ort des kühnen Traums wird schon lange

nichts mehr produziert. Die meisten Fabrikhallen sind abgerissen. Ordentliche Zuschüsse aus EU-Kassen halfen der Stadt Pirna, die Ruinen zu beseitigen. Doch zwischen Wiesen und Neubauten hat sich ein Relikt erhalten: das ehemalige Speisehaus. Kreisrund ragt das verglaste Treppenhaus aus dem sonst eher schlichten Baukörper heraus. Nicht umsonst

Wird zu Apartments umgebaut: Das Speisehaus

steht das Objekt unter Denkmalschutz: Es gilt als eines der markantesten Zeugnisse früher DDR-Architektur im Raum Dresden. Doch der Verfall hat ihm schon zugesetzt. Der allgegenwärtige Duft des Ost-Linoleums wird vom Geruch der Feuchtigkeit überlagert. Die Betondecke im oberen Speisesaal zeigt verräterische schwarze Flecke. Die guten Zeiten des Saales liegen lange zurück. Die Zeiten, in denen hier Ingenieure und Facharbeiter ihre Mittagspause machten. Menschen, die sich vermutlich auch beim Tagesessen mit Sättigungsbeilage intensiv über ihre Arbeit unterhielten. Denn wer hier Ende der 1950er Jahre arbeitete, war nicht Angehöriger irgendeines beliebigen Kombinats. Er war Teil eines Projekts, das zu den prestigeträchtigsten der jungen DDR gehörte.

Die Republikgründung lag noch keine zehn Jahre zurück, da sollte unter der Typenbezeichnung 152 ein Passagierdüsenflugzeug aus ostdeutscher Produktion den Luftraum erobern. Der Wettlauf zwischen

Vorige Doppelseite: Ikarus, Symbol für Höhenflug und Absturz

West und Ost hatte gerade begonnen. Und nachdem die UdSSR die USA in Sachen Weltraumtechnik bloßgestellt hatte, wollte nun die DDR in der zivilen Luftfahrt die BRD überflügeln. Die Situation war günstig: Denn in der Bundesrepublik gab es zwar seit 1954 wieder die Lufthansa und damit eine erfolgreiche Fluggesellschaft, der Flugzeugbau aber war nicht der Rede wert. 1958 gelang den DDR-Ingenieuren dann ein Coup, den Luftfahrtexperten bis heute als technische Sensation werten: Im Gründungsjahr der DDR-Fluglinie Interflug präsentierten sie auch das erste je in Deutschland gebaute zivile Düsenflugzeug. Montiert wurde es zwar in Dresden-Klotzsche, für den Antrieb aber sorgte ein Triebwerk, dessen Namen eine andere Herkunftsstadt verrät: »Pirna 014«. Gebaut im Volkseigenen Betrieb auf dem Sonnenstein, der damals noch den Namen VEB Gasturbinenbau und Energiemaschinenbau trug.

Dem ab 1956 errichteten Speisehaus merkt man die einstige Bedeutung des Betriebes bis heute an. Die Bauherren gingen nicht nur verschwenderisch mit Platz um. Das lichtdurchflutete Treppenhaus spricht auch eine für die DDR außergewöhnliche Architektursprache. Diese zeugt von der kurzen Phase, in der sich die DDR-Architekten von den Dogmen des Monumentalstils der Stalin-Ära befreit, aber noch nicht der Diktatur des rechten Winkels unterworfen hatten: Filigran und leicht wirkt der Bau – als wolle er selbst gleich abheben. Virtuos winden sich filigrane Betontreppen in gewagten Schwüngen durch die Luft. In weiten Bögen fließen die Muster der unterschiedlich gefärbten Terrazzoböden ineinander. Und über allem prangen mächtige Kronleuchter. Bei Nacht muss das Treppenhaus ein grandioser Anblick gewesen sein. Ein Anblick, der alle möglichen Assoziationen wachrief – nur nicht die einer VEB-Kantine.

Eher Skulptur als Zweckbau: Das Treppenhaus

Doch die Ernüchterung kam schnell: 1959 stürzte eine »152« bei einem Probeflug ab – die vierköpfige Crew kam ums Leben. Weitere technische Probleme folgten. Am 5. April 1961 zog das SED-Zentralkomitee den Schlussstrich. Der Bau der »152« wurde eingestellt, die halbfertigen Maschinen verschrottet, und die Interflug musste ihre Flotte weiterhin bei den Herstellern der Bruderländer zusammenkaufen. Und das Werk Pirna? Das wurde ein normaler VEB, der nun Kraftanlagen und Notstromaggregate herstellte und ab 1970 VEB Strömungsmaschinen hieß. Als Strömungsmaschinen GmbH überlebte der Betrieb noch die Wende, doch schon 1995 kam die Insolvenz. Es folgten fünfzehn Jahre Leerstand. Jetzt soll die Kantine in schicke Lofts verwandelt werden. DDR-Retro-Schick ist heute ein Markenzeichen.

Ost-Schick von einst: Die Kantine

Und den gibt es im Speisehaus in üppigen Portionen, die fünf GmbH-Jahre konnten die Spuren aus VEB-Zeiten nicht tilgen. Die messingfarbenen Lampen in den Speisesälen lassen heute das Herz jedes Ostalgikers höher schlagen. Doch Karteikarten in einem Nebenraum verraten, dass auch in der Edelkantine Bürokratie und Planwirtschaft den Alltag bestimmten: Akribisch wurde dort jeder Zu- und Abgang beim Kantineninventar dokumentiert – ob 34-Zentimeter-Plasteschüssel oder Tauchsieder, Tortenheber oder Tischlappen. So kann man bis heute nachlesen, dass zum Beispiel am 23. Januar 1987 das Volksvermögen mal wieder um zwölf Alu-Kaffeelöffel zu je 0,47 M geschmälert wurde.

Ikarus dagegen blieb immer an seinem Platz. Als zweifelhafter Ahnherr für DDR-Flieger musste er nun nicht mehr herhalten. Sein Name wurde fortan eher mit den ungarischen Omnibussen in Verbindung gebracht, die noch jahrzehntelang im gesamten Ostblock über löchrige Straßen holperten. Immerhin: Abstürzen konnten sie nicht. *AS*

Das Heim der bösen Worte

Korrektionsanstalt Saalhausen

Die Macht der Worte ist groß. Denn Worte wecken Assoziationen. Und deshalb verdrängen wir unangenehme Dinge zumindest sprachlich aus unserem Leben. Wir geben den Gebäuden, in die keiner gerne geht, unverfängliche Namen, sprechen von »Seniorenresidenzen« und »Gesundheitszentren«. Benennen Anstalten und Kliniken nach Honoratioren oder Heiligen. Für Krankheit, Strafe und Siechtum ist kein Platz auf Briefköpfen, in Imagebroschüren oder auf Webseiten.

Wenn Häuser von ihrer Geschichte erzählen könnten, würden uns in Saalhausen die unangenehmen Worte auf Schritt und Tritt in den Ohren klingen. »Korrektionsanstalt für Arbeitsscheue«. »Bezirkssiechenhaus«. »Tbc-Klinik«. Und zum Schluss »Kreispflegeheim«. Diese Namen trug

Düsterer Bau am Waldesrand: Die Korrektionsanstalt Saalhausen

die Einrichtung in Saalhausen im Laufe ihrer Geschichte. Worte aus der Welt des Verdrängten, des Randständigen, der Krankheit und des Todes. Aus einer Welt, mit der man nichts zu tun haben will.

Als die ersten Bauten des Heims 1882 errichtet wurden, überließ man die Aufgabe der Verdrängung noch den Architekten. Und so entstand am Rande des kleinen Dorfes bei Freital eine imposante Anlage. Türmchen, Dachgauben und Zierfachwerk – die Architekten bedienten sich des gesamten gestalterischen Repertoires der Gründerzeit. Noch galt nicht der Glaubenssatz der Moderne, nach dem die Form eines Gebäudes Auskunft über seine Funktion geben soll. Sonst hätte das Ergebnis anders ausgesehen. Denn der spielerisch verzierte Bau war eine Anstalt für die, die in der Klassengesellschaft des Kaiserreichs keinen Platz hatten.

Über die Geschichte ist Gras gewachsen. Hohes Gras. Es überwuchert das hügelige Gelände – eigentlich eine perfekte Idylle in urwüchsiger Landschaft. Und am Rande des Märchenwalds steht das Märchenschloss. Doch die Häuser ragen dunkel drohend am Hang auf. Und das Schwarz der Fensterhöhlen weckt düstere Bilder. Von verhärmten Menschen in schlichter Kleidung. Von strengen Aufsehern. Von Kindern mit leeren Blicken. Und von Kranken, die sich mühsam durch die Anlage schleppen. Denn die Anstalt war gleichzeitig auch Fürsorge- und Waisenhaus.

Abgründe, wo einst Pfleger ihr Werk taten

Erziehung und Fürsorge gleichermaßen wollte Anstaltsdirektor Johannes Leonhardi den Insassen angedeihen lassen, als die ersten Gebäude der Bezirksanstalt 1882 errichtet wurden. Doch die Fürsorgebedürftigen kamen eher spärlich. Von Beginn an hätte die Anstalt »einen unangenehmen Ruf besessen«, heißt es in der Chronik von Saalhausen. Freiwillig begab sich kaum jemand dorthin. Von den

230 Insassen im Jahre 1883 waren denn auch 177 zur »Korrektion« oder »Erziehung« eingeliefert worden.

Einen Wendepunkt markierte das Jahr 1904. Unter der Leitung des Amtshauptmanns Dr. Krug von Nidda, Spross eines über Hessen, Preußen und Sachsen verstreuten Adelsgeschlechtes, lag der Schwerpunkt nun bei der Fürsorge. Unter »Krug von Nidda-Verpfleghaus« firmierte das Heim nun, vor allem Alte und Kranke lebten jetzt dort. Die Erziehung der »Besserlinge« rückte an den Rand – und das auch baulich: Das »Korrektionshaus«, das es weiterhin gab, wurde an den anderen Rand des Dorfes verlegt. In das »Verpfleghaus« wurde nun großzügig investiert. 1906 entstand der Komplex, der noch heute die Anlage beherrscht und den man stolz auf Ansichtskarten präsentierte: ein bogenförmiger Prachtbau, gekrönt von einem Türmchen, umgeben von einer parkähnlichen Anlage. Der Bau beeindruckt noch heute. Die hohen Räume, die großen Fenster, die lichten Balkone – mehr Schloss als Anstalt. Vielleicht kam das Gebäude doch dem Begriff recht nahe, der heute so gerne gebraucht wird: Seniorenresidenz.

Ständig geöffnet: Die Pforte

Gepflegt wandeln lässt es sich durch die breiten Gänge nicht mehr. Ein Rundgang kann sogar lebensgefährlich sein. Denn nach ein paar Schritten werden die Dielen und der Belag erst weich wie Waldboden, dann wird der Geruch des faulenden Holzes immer stärker. Dort, wo einst Schwestern und Pfleger entlangeilten, geht es jetzt jäh in die Tiefe, und helles Sonnenlicht scheint auf eine Szenerie, die wie eine bedrohliche Theaterkulisse wirkt: Das Dach ist eingestürzt und hat Dielen, Putz und Bodenbeläge mit sich gerissen. Im Erdgeschoss türmen sich die schwärzlich vermoderten Balken, die einmal die verspielte Dachkonstruktion trugen. Im Herzen des Gebäudes klafft ein dunkles Loch.

Ein Abgrund tut sich auf, der die Gedanken vom christlich und sozial

motivierten Ideal der Fürsorge zum düstersten Kapitel des Heimes führt: Saalhausen taucht auch auf den Listen jener Orte auf, von denen während der NS-Zeit Geisteskranke plötzlich verschwanden. Abgeholt und ermordet, weil ihr Leben als unwert galt. Abgeholt aus einer Anstalt, die pflegen sollte, dann aber zur letzten Station vor der »Auslöschung« wurde.

Rostblumen: Auch Jugendstil altert

Zu DDR-Zeiten wurde die Vergangenheit überklebt und überstrichen. Bunte Tapeten auf den Wänden und dicke, triefende Lackschichten an Türstöcken und Fensterrahmen zeugen von den Zeiten, in denen erst Tuberkulosekranke und später Senioren ihren Lebensabend in der Idylle am Rande des leise plätschernden Baches verbrachten. Bis kurz nach der Wende.

Seither hofft man in Saalhausen darauf, dass das einstige Pflegeheim in pflegende Hände kommt. Einen Hoffnungsschimmer gab es auch. Sanierungsarbeiten begannen – und wurden wieder eingestellt. Löcher im Boden erinnern daran, dass ein Aufzugschacht entstehen sollte. Wie offene Wunden klaffen sie im Fußboden und machen das Pflegeheim endgültig zum Pflegefall.

Rund dreißig Investoren hätten sich schon für die Anlage interessiert, wurde 2009 im Freitaler Gemeinderat berichtet. Keiner griff zu. Erste Abrisspläne gab es auch schon. Protokolle einer Abbruchfirma hängen noch an der Wand – aus dem Jahr 2002 und voller schimmliger Flecken. Fenster sind mit ausgedienten Plakattafeln aus dem letzten OB-Wahlkampf vernagelt. Saalhausen hofft weiter.

An der Pforte prangt noch heute der Schriftzug aus DDR-Tagen: »Kreispflegeheim«. Die letzten Bewohner zogen 1992 aus. In eine neue Einrichtung mit neuem Namen: »Altenpflegeheim Bodelschwingh«. *AS*

Vorige Doppelseite: Einst Kreispflegeheim, heute Pflegefall

Die Heimat der Goebbels-Schnauze

Pulverlaboratorium Meschwitzstraße

Gentrifizierung. So lautet ein Schlagwort postmoderner Stadtentwicklung. Es beschreibt die Veränderungen der Hafenstadt Londons oder von Prenzlauer Berg in Berlin. Und auch der Dresdner Norden oberhalb des Albertplatzes ist nicht verschont geblieben von dieser urbanen Entwicklung. Das Muster war das übliche: Lange Zeit wollte in den gründerzeitlichen Etagenwohnungen der Äußeren Neustadt niemand mehr wohnen. Schon kurz vor der Wende okkupierten Studenten und Künstler den Raum. Zunächst illegal, dann legal. Im gleichen Atemzug etablierten sich Cafés, Bars und Clubs. Und dann wurde alles irgendwann schick.

Heute gibt es in den kleinen Lädchen ein reiches Angebot an esoterischem Schnickschnack und hipper Kleidung. Die Namensschilder an den Türen zieren mehr und mehr Doktortitel. Und die Subkultur zieht weiter. Weiter nach Norden. Zum Beispiel in eine Industriebrache aus der Gründerzeit, die ihren rauhen Charme noch ungeschminkt ausstrahlt. Irgendwo im Niemandsland Richtung Flughafen Klotzsche.

Aus der Gründerzeit: Das Pulverlaboratorium

Das Motorengeräusch vorbeifahrender Autos vermischt sich mit dem Lärm einer abhebenden Boeing 777. Gedämpft durch alte Mauern dringt das Dröhnen in die leeren Hallen. Und wie dezenter Jazz bei einer Vernissage liefert der Verkehr die Hintergrundmusik zu einem Kunsterlebnis der anderen Art: Die Wände der vergessenen Fabrik sind bedeckt mit

Trotz fehlender Scheiben ein Blickfang: Fabrikfenster

feinster Street Art. Keine primitiven Graffiti-Schmierereien, auf die der Kleinbürger mit spitzem Finger zeigt. Hier, im ehemaligen Pulverlaboratorium in der Meschwitzstraße, entzünden die Kreativen der Subkultur ihre Geistesblitze.

In Hülle und Fülle können dort, wo einst Patronenhülsen befüllt und Zündhütchen gestanzt wurden, gesprayte Bilder an Wänden bestaunt werden. Was sie aussagen, sei dahingestellt. Ebenso wie die Antwort auf die Frage, ob man hier überhaupt von Street Art sprechen kann – denn Kunst an einem verbotenen, verlassenen Ort enstpricht ja eigentlich nicht der gängigen Definition von Street Art als »Straßenkunst im öffentlichen Raum«. Aber für die Kreativen zählt vor allem die gemeinschaftliche Eroberung dieser No-Go-Area, wie ein Eintrag aus einem Blog von Street-Art-Künstlern deutlich macht: »Schaurige Adresse, traurige Fabrik, einstürzende Hallen«, heißt es da, »wir haben eine verdammt gute Zeit miteinander gehabt in einer alten Dresdner Fabrik.«

Schaurig-schön ist der Blick in die ebenerdigen und einsturzgefährdeten Hallen tatsächlich: Sand, Erde und Mörtel türmen sich unter einem dunkel bemoosten Glasdach zu einem Endzeitszenario, das den Machern der sonntagabendlichen »Tatort«-Sendungen eine geeignete Kulisse liefern würde.

Ein pinkfarbener Damenschuh liegt unweit von einem Paar Stepptanzschuhe und einem weit aufgerissenen Koffer – noch ein Bild, das die Phantasie der Krimifreunde anregt. Oder sind es nur vergessene Requisiten einer kleinen Privataufführung? Weitere Indizien zur Aufklärung finden sich keine. Dass Theaterträume von hier aus wirklich wahr geworden sind, verrät allerdings der Schriftzug der Tanztheatergruppe »DEREVO«. Gerade noch sichtbar, steht er über dem Haupteingang der maroden, U-förmig um einen Innenhof angelegten Klinkerbauten im englischen Stil mit unverputzten Backsteinfassaden. Für ein paar Jahre lag hier das »Laboratorium für Träume« des inzwischen nach Hellerau umgesiedelten Tanztheaters um den kahlköpfigen Russen Anton Adassinsky. Adassinsky schuf hier Bilder, die bei aller geheimnisvollen Mystik doch um die wesentlichen Dinge des Lebens bemüht schienen. Wo ist der Mittelpunkt, der Nabel allen Seins?

Kein Anschluss: Schaltkasten ohne Nutzen

Die Suchenden in der Meschwitzstraße haben ein Labyrinth aus Steinen hinterlassen. Und leeren Weinflaschen, die wie ein Stillleben auf lange schon nicht mehr wärmenden Heizkörpern gruppiert sind. Wie die brüchige Architektur, so gemahnt auch das wenige noch Auffindbare an die Vergänglichkeit des Seins.

Nichts währt ewig. Das lehrt auch die Geschichte dieser Dresdner Industrieruine. Als Pulverlaboratorium war sie 1898/99 an den Start gegangen, und das Ende des Ersten Weltkriegs markierte die erste große Zäsur. Nach dem desaströsen Ausgang des explosiven Unterfangens eröffnete 1923 die Familie Mende hier eine Fabrik für Rundfunkempfänger. Ein gutes Jahrzehnt später hießen die Geräte »Volksempfänger« – oder, hinter vorgehaltener Hand, »Goebbels-

Schnauze«. Und Dresden fuhr gut mit deren Massenproduktion: Ein Drittel der Gesamtproduktion der klobigen Propaganda-Maschinen wurde hier zusammengeschraubt – unter anderem unter der Typenbezeichnung »VE 301«, nach dem 30.1., dem Tag der Machtergreifung Hitlers.

Ab 1936 wurde die Produktion auf Heeresbedarf umgestellt: Fernschreiber, elektrische Zünder und, später, Nachtsichtgeräte. 1947, zwei Jahre nachdem Goebbels im Berliner Führerbunker seinen ganz persönlichen Schlussstrich unter das »tausendjährige Reich« gezogen hatte, wagte Martin Mende im Westen den Neuanfang: In Bremen baute er seine Firma wieder auf. Ein paar Jahre später lieferte er unter dem Namen Nordmende die schwarzweiß flimmernden Traumgeräte des Wirtschaftswunderlands BRD.

Ruinen schaffen ohne Waffen: Pulverfabrik

Das Dresdner Stammwerk wurde zum VEB Funkwerk Dresden, und seine Erzeugnisse verkündeten nun zwischen Erzgebirge und Ostsee die Erfolge des Sozialismus. Ab 1969 wurde unter der Namen Robotron Hightech à la DDR hergestellt – bis zur friedlichen Revolution.

Volksempfänger und VEB-Radios sind heute Handelsgut der Antiquitätenläden und Flohmärkte. DDR-Elektronik wurde zur belächelten Fußnote der IT-Geschichte. Doch der Ort, an dem all dies einst gebaut wurde, fasziniert bis heute mit seiner Mischung aus wilhelminischer Bauweise und Reformarchitektur. Trotz des Verfalls. Und die Street Art an den Wänden wird zur modernen Freskenmalerei am verlassenen Ort. An einem Ort, an dem immer wieder neu angefangen wurde. In einer maroden Hülle, die dazu einlädt, mit neuem Leben gefüllt zu werden. Vielleicht schon im nächsten Akt der Gentrifizierung. *CG*

Vorige Doppelseite: Pin-ups und Graffiti statt Stechuhren und Maschinen

Das Hochhaus mit Weitblick

Zentralinstitut für Arbeitsschutz und Arbeitsökonomie

Kraftvoll geht er seiner Arbeit nach, treibt Sport und schwingt gerne das Tanzbein: Der neue Mensch, so wie ihn die offizielle DDR-Propaganda gern zeichnete, hat in zahllosen Bildern Gestalt gewonnen. Selten aber ist er so gesichtslos und abstrakt wie in dem Bild, das heute noch die Wand des Flachbaus am Dresdner Lennéplatz ziert. In äußerster Stilisierung, angelehnt an Avantgarde-Größen wie Picasso, hat Dietmar Gubsch hier seine Version der sozialistischen Heilslehre geschaffen. Der Künstler war damals Student an der Dresdner Kunsthochschule. Er war Schüler von Professor Heinz Lohmar, bei dem auch ein weiterer Wandbildner in die Lehre ging. Einer der heute international erfolgreichsten Künstler, Gerhard Richter.

Der Glanz ist verblasst: Sozialistisches Wandbild am Zentralinstitut

MASER DML
DM VBA MASER
VBA

Das Wandbild von Gubsch stirbt einen langsamen Tod: Einige der lebensfrohen sozialistischen Menschen auf dem Putz sind schon unter Graffiti verschwunden. Und mit aufgesetztem Pathos hat der Täter in schwarzen Lettern seinen Kommentar darübergesprüht: »Hier geschah ein Mord. Kunstwerk wurde zerstört!« Der Staat, ohne den dieses öffentliche Bildwerk nicht entstanden wäre, existiert nicht mehr. Und mit ihm sind auch das Verständnis und der Respekt vor dessen Staatskunst weitgehend verschwunden.

Acht Etagen Ost-Moderne: Treppenhaus

Ebenfalls verschwunden ist das Staatssekretariat für Arbeit und Löhne, das im Hochhaus, dem der Flachtrakt mit Wandbild angegliedert ist, gleich zwei wichtige Forschungseinrichtungen unterhielt. Sowohl im Zentralinstitut für Arbeitsschutz (ZIAS) als auch im Zentralen Forschungsinstitut für Arbeit (ZFA) wurden Ideen für eine heile sozialistische Arbeitswelt gesponnen. Wegen seiner blauen Kachelverkleidung wurde das Institutsgebäude »Blaues Haus« genannt.

Hinter der farbigen Fassade waren die Steigerung der Arbeitsproduktivität und ein risikoarmes Arbeiten die Forschungsgegenstände. Aber auch der Frage, wie der arbeitende Mensch psychische Beschwerden vermeiden kann, gingen die Wissenschaftler nach. Solche Beschwerden vor allem, die bei hoher Arbeitsbelastung auftreten. Von Burn-out war natürlich noch nicht die Rede. Aber Lösungen gegen Überforderung wurden am ZIAS dennoch erdacht – und auch in die Praxis umgesetzt. Institutsdirektor Erwin Gniza etwa empfahl seinen Mitarbeitern einen mittäglichen Besuch im benachbarten Zoo. Ein wenig den Affen beim Grimassieren und Klettern zuzuschauen befreit vom lästigen Grübel-

Vorige Doppelseite: Geometrie und Anarchie an der Fassade

Übel. Das Jahresabo im Zoo gehörte zu den legendären Besonderheiten einer Mitarbeit am ZIAS.

Auch heute noch legt sich das gelegentliche Trompeten der Elefanten über die Geräuschkulisse vorbeifahrender Autos und Straßenbahnen. Und besonders in der obersten Etage des achtgeschossigen Baus kommt heitere Chillout-Atmosphäre auf. Denn gelb gekachelte Säulen und große Blüten in braunorange erzeugen das perfekte Retro-Gefühl, das auch so mancher Club in Berlin-Mitte nach der Wende pflegte. Auch wenn der Wind durch kaputte Fenster fährt und der Blick zur Stahlbetondecke deren fortgeschrittene Korrosion verrät – im ehemaligen Speisesaal des »Blauen Hauses« hat sich das bewahrt, was unter dem Begriff der »Ost-Moderne« auf jenen baupolitischen Kurswechsel zurückgeht, der 1954 auf der Moskauer Allunionsbaukonferenz eingeläutet worden war.

Stalin war gerade tot. Und Chruschtschow forderte nun vehement die Abkehr vom »schönen Bauen«. Schmuck- und schnörkellose Funktionalität, verbunden mit dem Einsatz seriell gefertigter Elemente, bestimmten zunehmend auch die Bauvorhaben des ostdeutschen Brudervolks. Und selbstverständlich drängte besonders in Dresden, einer der vier Aufbau-

Satte Ostalgie ohne Beilage: Ehemaliger Speisesaal

städte der DDR, der Rat des Bezirks auf Planerfüllung. Der Wandel zur sozialistischen Prachtstadt sollte schnell sichtbar sein. Schon 1954 lieferte das Entwurfsbüro für Hochbau erste Pläne für das Zentralinstitut. Dass der eigentliche Baubeginn erst vier Jahre später erfolgte, war ein Segen. Denn was dann seit Abschluss der Bauarbeiten im Jahre 1960 in den Dresdner Himmel ragte, übertraf alle vorher angedachten Varianten bei weitem – nicht nur an Bauhöhe.

Kein Zutritt: Umwucherter Eingang

Vor allem bei der kubischen Formgebung und der geometrischen Durchgestaltung der Fassade kamen entschieden moderne Formen zum Tragen. Blaue Keramikkacheln aus Meißen zieren die Felder aus Fertigteilen, die sich mit asymmetrisch angeordneten Fenstern abwechseln. Die Giebel sind mit Sandstein verkleidet, denn auch zu DDR-Zeiten wurde die Verwendung lokaler Materialien großgeschrieben.

Lange Zeit, als das ehemals leuchtende Blau verschmutzt, die Fenster verrammelt waren und Schmierereien der Dynamo-Hools Fassaden und Fenster überdeckten, fiel es schwer, in der vor allem auf Fernwirkung hin komponierten Anlage ein »Wiederverwendungsobjekt« zu erkennen. Das »Blaue Haus« war ein Fremdkörper im sonst so idyllisch aufgeräumten Miteinander von Park, sanierten Villen, umgebautem Fußballstadion und neuerrichtetem Seniorenheim. Nun soll das »Domizil am Zoo« in der seit über zehn Jahren leerstehenden Ruine des ehemaligen ZIAS Wohnungen für altersgerechtes betreutes Wohnen einrichten. Ob die neuen Nutzer auch dem denkmalgeschützten Musterbeispiel der DDR-Moderne entsprechende Pflege und Sorge angedeihen lassen, wird die Zukunft zeigen.

CG

Der Palast des Mühlenkönigs

Villa Bienert in Plauen

Ein Haus stirbt. Es stirbt langsam und von innen nach außen. Seine Fassade wirkt noch ganz adrett, doch aus seiner Mitte heraus verfault es. Denn das Herz der Villa ist schwach geworden – und irgendwann hat es nachgegeben. Zu lange war Wasser durch das undichte Dach gedrungen. Und als der erste Balken durchfaulte, war es nur noch eine Frage der Zeit, bis ihm weitere folgten. Bald suchte auch der Fußboden des Obergeschosses den Weg nach unten. Und mit ihm Wandverkleidungen, Türen, Ziegelsteine und jede Menge Stuck. Wie einmal die Privatgemächer der Herrschaften aussahen, lässt sich nur noch erahnen. Und dort, wo einmal der Salon gewesen sein dürfte, türmt sich modrig riechender Schutt. Verfaulte Balken und aufgeweichter Gips verbinden sich zu einer Ge-

Einst hochherrschaftlich: Die Villa Bienert in Plauen

Die Natur rückt näher: Treppe zum Park

ruchssymphonie des Verfalls.

Mit der Villa im Plauener Grund verfällt der Wohnsitz einer Dynastie, welche die Geschichte des Dresdner Stadtteils seit dem 19. Jahrhundert prägte. Ihr Aufstieg begann 1852, als der Müller Gottlieb Traugott Bienert die Plauener Hofmühle pachtete. Der in Armut aufgewachsene Dorfmüller aus dem knapp zwanzig Kilometer entfernten Eschdorf modernisierte die Technik und steigerte die Produktion. Vor allem aber machte er die Mühle zur Brotfabrik. Denn Gottlieb Traugott Bienert hatte die Chancen erkannt, die sich in den Jahren der Industrialisierung auftaten. Wer es als Erster wagte, konnte aus einem traditionellen Handwerksberuf in die Rolle des Unternehmers wechseln. Und er konnte irgendwann sogar den Titel »Commerzienrath« tragen und vom sächsischen König die Medaille für Verdienste um die vaterländische Industrie entgegennehmen.

Während Titel und Medaille auf symbolische Weise den Status des Brotfabrikanten unterstrichen, war seine Villa das gebaute Denkmal seines Erfolgs – und zwar nicht in einem der klassischen Dresdner Villenorte wie Blasewitz oder Loschwitz, sondern direkt neben der Hofmühle in der Nähe der Weißeritz. 1863 bezog er das Haus. Gemessen an Bienerts Bedeutung, fiel der Neorenaissance-Bau vergleichsweise bescheiden aus. Dennoch wurde die Villa eine der wichtigsten Adressen im damals noch eigenständigen Örtchen Plauen. Denn Bienert prägte den ganzen Ort während der Epoche, die heute gerne als »Gründerzeit« bezeichnet wird. Der Patriarch hatte nicht nur den Kleinbetrieb zu einem Unternehmen mit mehreren hundert Mitarbeitern ausgebaut, er betätigte sich auch als Mäzen und Stifter. Und er ließ das Örtchen erstrahlen: Dank des Bienert'schen Gaswerks wurde Plauen zum ersten sächsischen Dorf mit Straßenbeleuchtung.

In Bienerts Villa ist es heute dunkel. Die meisten Fenster sind vernagelt, Lichtstrahlen dringen nur vereinzelt durch das eingestürzte Dach. Doch die einstige Pracht lässt sich noch erahnen. Unter dem Staub des Hausflures haben die reichverzierten Bodenfliesen die Zeit überstanden. In elegantem Bogen schwingt sich bis heute das Treppenhaus durch die Ruine. Und bis in den Keller hinab findet man prächtige Wandtapeten aus der Zeit um 1900. Die Villa ist somit ein Traum und ein Alptraum der Denkmalpfleger zugleich: nahezu unverändert, gesegnet mit originalen Böden, Türen und Baudetails – das meiste aber wohl unrettbar verloren. Zu beobachten, wie Stuck zu Staub und Parkett zu Pulver wird, ist faszinierend und schmerzlich zugleich.

Hinter der Villa hat die Natur einen Urwald entstehen lassen. Vor allem im Sommer ist er undurchdringlich – nur das Gartenhäuschen erreicht man noch. Inspiriert von alpenländischer oder auch russischer Holzarchitektur, stillte es einst das Fernweh sommerlicher Festgäste. Die eigentliche Attraktion des Geländes ist dagegen nur noch für Experten erkennbar: der Landschaftsgarten, der ab 1902 auf dem Bienert'schen Gelände entstand. Die Pläne stammten von Max Bertram, seines Zeichens Gartenkünstler, königlich-sächsischer Gartenbaudirektor und Gartenbaupädagoge. Für die Bienerts schuf er eine künstli-

Eleganz in der Ruine: Das Treppenhaus

che Landschaft mit Grotten, Seen und Wasserläufen – ein kleines Arkadien am Ufer der Weißeritz.

Auftraggeber des Gartens war Theodor Bienert, einer der beiden Söhne des Firmengründers. Er führte nach dessen Tod zusammen mit seinem Bruder Erwin die Firma weiter. Vor allem Erwins Frau Ida trug den Geist des Mäzenatentums in der Familie weiter, stiftete die erste Volksbibliothek Sachsens, freundete sich mit Künstlern wie Paul Klee, Otto Dix und Walter Gropius an, unterstützte sie durch Aufkäufe und machte ihr Haus zum Treffpunkt der künstlerischen Avantgarde. Dieses Haus war allerdings nicht mehr das neben der Hofmühle, sondern eine Villa in der Kaitzer Straße, die Erwin Bienert 1888 hatte erbauen lassen.

Treppe zum eingestürzten Dach

Das Stammhaus der Bienerts wurde schon zu DDR-Zeiten aufgegeben. Im Keller lagert noch Eingemachtes in Gläsern aus VEB-Produktion, Reste von Lampen im DDR-Design hängen zwischen abblätternder Farbe an morschen Decken. Die vielfältigen Ehrungen für die Bienerts ziehen unbemerkt an der Ruine vorbei: Nach der Wende wurde nicht nur das Bienert-Denkmal eingeweiht, es gibt auch gleich mehrere Bienert-Parks. Ein Museum erinnert seit 2006 an die Geschichte der Mühle, und die Dresdner Verkehrsbetriebe ließen sogar einen Flyer drucken, der zu Wanderungen auf den Spuren der Müllersfamilie einlädt – allerdings ohne direkten Hinweis auf die Villa. Die wartet immer noch auf ihre Rettung. Ein schon schmutzig gewordenes Transparent an der Fassade weist auf den baldigen Umbau zum Wellnesspalast mit Sauna und Hamam hin. Seit Jahren. Bis dahin bleibt es in der Villa auch ohne Badetempel feucht. Und im Sommer stickig schwül zwischen moderndem Holz. *AS*

Vorige Doppelseite: Der Salon der Villa wurde zum Trümmerfeld

Luftschiffer- und Nachrichtenkaserne Übigau

Die Fenster sind rund. Kreisrund. Und wie durch Bullaugen geben sie den Blick frei auf eine andere Welt – eine Welt, wie sie gut zwanzig Jahre nach der Wende auch in ostdeutschen Stadtrandgebieten zur Norm geworden ist: Man sieht einen großzügig verglasten Gartenmarkt, eine elegant gestaltete Rettungswache und adrett hergerichtete Wohnhäuser mit gepflegten Gärten. Auf der anderen Seite der Bullaugen dagegen ist die Zeit stehengeblieben. Man steht auf der obersten Plattform eines Turmes, der seine Funktion schon längst verloren hat. Brüchige Treppenstufen führen hinauf, und das schmutzige Grau des abblätternden Putzes kontrastiert mit sattroten Inschriften in kyrillischen Buchstaben. Mit dicken Stiften haben russische Soldaten hier einst die Dauer ihres Dienstes an die Wand gekritzelt. Zwei Jahre waren es immer. Zwei Jahre bei den Westtruppen der Roten Armee. Zwei Jahre in Dresden-Übigau.

Undicht: Aus dem Dach wachsen Bäume

Am Fuß des Turmes rottet der Rest einer Sporthalle vor sich hin. Fehlende Dachziegel verschaffen dem Raum ein Oberlicht, das kein Architekt je geplant hatte. Und im fahlen Schein sieht man die letzten Hinterlassenschaften der einstigen Nutzer – Spuren, die an Sport und Kultur erinnern: ein Gewicht und eine Basstrommel ohne Bespannung. Einen zackigen Militärmarsch kann man mit ihr nicht mehr untermalen. Und überhaupt hat sich die militärische Ordnung von diesem Terrain

STRAHL

schon längst verabschiedet. Der Kasernenhof ist überwuchert. In Reih und Glied lässt sich hier nicht mehr marschieren. Ein Gang von Gebäude zu Gebäude wird zwangsläufig zum Hürden- und Hindernislauf um Bäumchen und Büsche. Nachdem nacheinander Deutsches Heer, Reichswehr, Wehrmacht und Rote Armee das Areal nutzten, ist es nun von der denkbar stärksten Macht erobert worden: der Natur.

Kunst und Sport: Street Art in der Turnhalle

Rund 19 Jahre haben für diesen Feldzug ausgereicht. 19 Jahre ohne Nutzung seit dem Abzug der Roten Armee. Pläne gab es in dieser Zeit freilich einige: Gleich nach dem Auszug der Sowjets dachte man kurz an ein Aussiedlerheim – ein Plan, der schon bald von der Zeitgeschichte überholt wurde. Danach waren eine Seniorenresidenz und ein Gewerbepark im Gespräch. Für Letzteren wurde auch schon ein hübsches Modell gebastelt. Es sah vor, fast alle historischen Kasernengebäude zu erhalten, den Turm und die Sport- und Reithalle inbegriffen. Schließlich steht fast das gesamte Ensemble unter Denkmalschutz.

Aber alle Studien verschwanden in den Archiven der Behörden, Architekten und Projektentwickler – und die schützenswerten Gebäude verfallen. Ein paar wurden auch schon abgerissen: Vom Rand her schrumpft das Areal, die neue Feuerwache und der Gartenmarkt haben Teile des Kasernengeländes in Beschlag genommen. Die meisten Gebäude aber stehen noch. Marode müffelnd ragen sie als Fremdkörper im umliegenden, Stück für Stück sanierten Quartier auf. Sie bilden das, was man in der Nachbarschaft dann gerne als »Schandfleck« bezeichnet.

Langsam zerfällt so ein Stück Dresdner Militärgeschichte. Begonnen hat dieses im Frühjahr 1914. Die Mächte Europas bereiteten sich auf

Vorige Doppelseite: Durch die Gänge weht der Geruch des Verfalls

einen Krieg vor, von dem jeder ahnte, dass er bald kommen werde. Es sollte der Krieg werden, in dem erstmals massenhaft moderne Technik zum Einsatz kam – unter anderem auch Luftschiffe.

Schon 1912 war in Kaditz eine erste Halle für Luftschiffe entstanden, kurz darauf wurde dort die 3. Kompanie des Preußischen Luftschiffer-Bataillons stationiert. Luftfahrt hatte in Dresden schon damals Tradition. Auch Wilhelmine Reichardt, die erste deutsche Frau, die je ein Luftschiff steuerte, startete 1811 von Dresden aus und ließ sich später im benachbarten Freital nieder.

Für die neue Waffengattung waren freilich nur Männer vorgesehen, und entsprechend wurden die Kasernen eingerichtet. Und da die Albrechtstadt als klassischer Dresdner Militärstandort zu weit entfernt vom Flugplatz Kaditz lag, wurde in Übigau gebaut. Luftschiffer und vor allem das zahlreiche Bodenpersonal zogen in die 1914 noch kurz vor Kriegsbeginn fertiggestellte Kaserne. Kurz darauf kam ein Telegraphen-Bataillon dazu, so dass die Kaserne fortan als »Luftschiffer- und Nachrichtenkaserne« fungierte. Kaserne für deutsche Soldaten blieb sie bis zum Ende des Zweiten Weltkriegs. 1945 zog die Rote Armee ein. Zuletzt

Stille: Der letzte Musiker vergaß sein Instrument

nutzte ein Pontonbrücken-Regiment sowie ein Pionierbataillon das Gelände.

Bis heute kann die Kaserne ihre Entstehungszeit nicht verleugnen. Streng symmetrisch angelegte Baukörper und dezente Mansarddächer zeugen vom Architekturverständnis der kaiserlichen Militärs: Zweckmäßig, aber bitte nicht zu modern sollten die Gebäude sein. Die Sowjets beließen es so. Nur ab und zu besserten sie etwas nach und verliehen dem eher schlichten Bau einen Hauch von stalinistischem Pathos. Vor die sachlich gehaltenen Portale setzten sie pompöse Säulen und Vordächer – mehr Kulisse als Architektur und auch entsprechend nachlässig gebaut. In großen Brocken fällt der Gips vom einst rasch geformten Drahtgerüst.

Blick vom Wachturm auf die Vorstadt

Auch im Innern bröckelt der Putz. In den Winkeln der Treppenstufen türmt sich der Staub. 19 Jahre ohne Nutzung und Heizung gehen an keinem Gebäude spurlos vorbei. Nur der penetrante Geruch des DDR-Linoleums hält sich hartnäckig. Die langen Gänge lassen Raum für Assoziationen und Fragen. Wer waren die letzten Bewohner? Warum wurden die meisten der Türen mit dicken, schalldichten Polstern versehen? Wer hat über die Farbgebung der Wände entschieden? Oder musste die Farbe genommen werden, die gerade übrig war? Auch das in der harten Männerwelt einer sowjetischen Kaserne doch eher überraschende Zartrosa?

Die Tür zum Keller steht offen. Unzählige Stürme haben Berge an Laub in den Raum getrieben. Unter den Füßen raschelt es wie bei einem Herbstspaziergang. Nur die muffige Luft passt nicht so recht. Als Untertapeten kleben die »Prawda« und eine sowjetische Sportzeitung an den Wänden – gefallene Blätter, wohin man schaut. Und der Geruch des Moders weht aus den offenen Kellerfenstern in die saubere Vorstadt. *AS*

Das »Pick«-Ass der Brauwirtschaft

Malzfabrik Niedersedlitz

Quo vadis? Wohin gehst du? Es ist wie in gewissen Alpträumen: weißgetünchte Wände und Säulen, so weit das Auge reicht. Keine Einrichtung, nichts, woran sich der Blick festhalten kann. Einfach nur Raum. Raum um Raum führt der alptraumhafte Gang durch eine schier endlose Sequenz des Immergleichen, um dann schließlich doch vor einer Tür zu enden. Auf sieben Etagen führen weitere Türen in ähnlich ausgedehnte Hallen aus Stahlbeton. Und überall empfängt dieselbe Leere den Eindringling.

So verloren sich der Besucher hier heute auch fühlen mag – die raumgreifende Malzfabrik im Südwesten der Stadt war einst ein immenser Gewinn für die sächsische Brauwirtschaft. Das Ass im Ärmel der Gebrüder Pick. Das »Pick«-Ass sozusagen.

Hier braut sich nichts mehr zusammen: Stillgelegte Malzfabrik

Verlassen: Nicht nur die Direktoren mussten ihre Stühle räumen

Als Brüder Moritz und Adolf Pick, jüdische Gerstehändler aus Böhmen, wenige Jahre vor der Reichsgründung nach Dresden kamen, fanden sie neben einer guten Infrastruktur eine bereits florierende Bierwirtschaft vor. Doch nicht im überschäumenden Bierdurst der Deutschen lag ihr eigener Erfolg begründet. Die Picks setzten von Anfang an auf die richtige Karte: Vernetzung und Expansion. Als 1870 der erste deutsche Brauertag in Dresden stattfand, saß Moritz Pick im Finanzkomitee. Sein Sohn Fritz war Prokurist im Bankhaus der Gebrüder Arnhold. Die jüdische Privatbank galt als das deutsche Geldinstitut für die Brauindustrie schlechthin. Auch die Bankiers Arnhold hatten überregionale Zusammenschlüsse als Gebot der Stunde erkannt. Raus aus dem engen regionalen Rahmen! Sie übernahmen Brauereien im Berliner Raum und schließlich im gesamten Reich und erwarben Firmenanteile in Österreich-Ungarn.

Die Picks zogen mit: Auf einem Areal gleich hinter dem neuen Niedersedlitzer Güterbahnhof errichteten sie zwischen 1889 und 1915 eine monumentale Malzfabrik. Grau und verwahrlost liegt sie heute da. Eine Schönheit war sie allerdings von Anfang an nicht. Nüchterne Zweckmäßigkeit charakterisiert ihre von Bauingenieuren entworfene Architektur.

Eine gewisse Noblesse ist allenfalls den beiden größten, aus Ziegelstein gemauerten Abzugsschloten zuzusprechen. Von weit her sichtbar, künden sie vom Industriezeitalter in Dresden. Einst dienten sie der Trocknung gewaltiger Getreidemengen im jüngsten Gebäudetrakt. Am Vorabend des Ersten Weltkriegs war Dresden das Zentrum der sächsischen Bierbrauerei, und die Gebrüder Pick waren die größten Malzlieferanten auf dem deutschen Markt.

Eine Größe, die bis heute baulich messbar ist: 33 000 Quadratmeter fasst allein der mitten im Ersten Weltkrieg errichtete Flügel. Das entspricht in etwa dreieinhalb Fußballfeldern. Unter dem Stahlbetondach der Halle gedeiht ein ganz besonderer Rasen: Zartgrün sprossen die Keimspitzen aus der dort ausgelegten geweichten Gerste, die man »spitzen« ließ, bevor sie dann zu Malz verarbeitet wurde. Heute sprießt es in einem fast surrealistisch anmutenden Neongrün auf den Betonböden der ehemaligen Tennen. Moos und Farn gedeihen in der Feuchtigkeit der verlassenen Hallen. Es ist ein zartes Wachstum, bescheiden und zentimeterweise.

Fast wie im Alptraum: Endlose Raumfluchten

Zu Zeiten der Picks hatte man andere Vorstellungen von Wachstum und setzte sie auch um. Vor allem zwischen den beiden Weltkriegen gelang dem Unternehmen eine weltweite Expansion. Braukunst aus Deutschland war ein Exportschlager, so grundsolide wie der Stammtisch-Spruch »Hopfen und Malz – Gott erhalt's!«.

Grundsolide sind die Gebäude inzwischen nicht mehr. Der Mitteltrakt des Komplexes ist schon in sich zusammengestürzt. Im ältesten Flügel sind die riesigen Tanks aus den Fugen geraten. Nur der in Stahlbeton errichtete Westtrakt trotzt der Endlichkeit. Neben den Tennen und Getreidelagern sind es die enormen Darren, die in ihrem kathedralenartigen, diffusen Licht noch einmal in einen weiteren Angst-

traum zu führen scheinen: Runde oder eckige Öffnungen im Boden drohen in unbekannte Abgründe zu entreißen. Urängste werden wach. Dabei entstanden die Löcher aus ganz profanen Gründen: Heiße Luft wurde hier über ein Rohrsystem zum Trocknen – zum »Darren« – der vorher gekeimten Gerste durchgeleitet. Die Rohre verschwanden, die Löcher blieben.

Heute keine Warenannahme: Laderampe

Auch die Familie Pick verschwand. Ihre unternehmerischen Visionen halfen ihnen ebenso wenig wie ihre Verdienste um das urdeutsche Getränk Bier: Als jüdische Unternehmer mussten sie 1942 auf Druck von Hitlers willigen Bankiers ihren Besitz an eine Prager Malzfabrik verkaufen. Die Familie wurde in alle Welt versprengt.

Die altdeutsche Schrift auf einer Tür erinnert noch heute an die Zeit davor. »Achtung! Fahrende Maschinen«, lautet die schlichte Warnung. An der graubraunen Fassade erinnert ein anderer Schriftzug an die Epoche nach 1945, an die Zeit der staatlich verordneten Völkerfreundschaft. »Kämpfe mit uns für den Frieden«, heißt es dort.

Ihren letzten Kampf trugen die Arbeiter in Niedersedlitz 1990 aus. Bis dahin arbeiteten sie in den Fabriken aus Picks Zeiten weiter – nur, dass sie jetzt in einem von acht Betrieben der VEB Vereinigte Mälzereien Dresden im VE Getränkekombinat Dresden tätig waren. Hightech aus der Vorkriegszeit wie die stählernen Silos oder der einst hochmoderne Becherelevator waren bis zum Schluss in Gebrauch. Bis am 30. September 1990 die Treuhand die Schließung verkündete. Für kurze Zeit nutzte ein Getränkebetrieb die ehemalige Mälzerei. Danach blieben nur noch die endlosen leeren Hallen. Ein Ort für Alpträume. Oder für neue Visionen. *CG*

Vorige Doppelseite: Aus riesigen Trichtern strömte eingeweichtes Malz

Der Monolith im Niemandsland

Elbtalzentrale Pirna

Am Anfang war die Dunkelheit. Sie schied den Tag von der Nacht, Vertrautes von Unheimlichem. Auch Kerzen, Fackeln und Öllampen konnten ihr nur wenig anhaben – bis Genies wie Alessandro Volta, André-Marie Ampère und Werner von Siemens die Elektrizität nutzbar machten. Und so wurde das 19. Jahrhundert in zweierlei Hinsicht zu einem Zeitalter der Entdeckungen. Abenteurer bereisten ferne Länder, Inseln und Kontinente und tilgten die letzten weißen Flecke von der Landkarte. Und zu Hause erschlossen Ingenieure und Arbeiter das letzte unbekannte Reich vor der eigenen Haustür: Die bereits durch die Gaslaterne begonnene Kolonisation der Nacht setzte sich rasant fort, die Grenzen der Zeit wurden immer durchlässiger. Die Städte wurden hell,

Umwuchert: Die Elbzentrale in Pirna

und im frühen 20. Jahrhundert begann die Zeit der Leuchtreklame. Die Heinz Ketchup Company gehörte zu den Ersten, die um 1900 ihr Firmenzeichen effektvoll illuminierten. Es war ein Dammbruch. Denn schon bald erhellten die leuchtenden Buchstaben die Kinos, Revuetheater und Casinos der großen Städte. Und irgendwann auch die Fassade eines Industriebaus in Pirna.

»Elbtalzentrale«: Aus Dutzenden von Glühbirnen ist der Schriftzug zusammengesetzt, und die Schrift spricht die Formensprache des Jugendstils. Entfernt erinnert sie an andere markante Schriften dieser Zeit. An Schriften, die auf Repräsentationsbauten, auf kunstvoll gestalteten Plakaten oder Buchumschlägen zu sehen waren. Hier ziert sie ein einfaches Kraftwerk. Aber was für eines! Hohe Fenster gliedern die mächtige Fassade. Darüber winden sich schwungvoll zwei gewölbte Giebel in den Himmel. Sie krönen ein Gebäude, das ein Symbol des Fortschritts war – in einer Zeit, in welcher der Begriff »Kohlekraftwerk« noch positiv besetzt war. Worte wie CO_2-Ausstoß, Klimakatastrophe und Feinstaubwerte tauchten noch in keinem Lexikon auf.

Kunstvoll: Fenster im Treppenhaus

Die Glühbirnen hängen bis heute in ihren Fassungen. Geleuchtet haben sie aber schon lange nicht mehr. Der Mittelbalken des ersten »E« ist schräg nach unten gerutscht, die Fassade ringsum ist schmutzig braun. Das Grundstück ist verwaist, und am Rande wuchern ganze Wälder von Goldruten – eine jener Pionierpflanzen, die gerne dort gedeihen, wo der Mensch sich zurückgezogen hat. Denn rund um die Elbtalzentrale herrscht Öde. Die Fabriken, die einst zwischen Elbufer und der Bahnlinie Dresden–Pirna standen, sind verschwunden. Ob Malzwerke oder Kunstseidenfabrik: Es gibt sie nur noch auf alten Fotos. Nur das Kraftwerk blieb – als Monolith im Niemandsland.

In der großen Halle kann man nur noch erahnen, dass hier einst eine Kraftzentrale war. Die Leere des Saals überwältigt. Jeder Schritt hallt auf dem feuchten Betonboden. Es riecht nach Moder und nach Öl. Der Geruch der Industrie hält sich hartnäckig. Er hängt im Mauerwerk, auch wenn die letzte Maschine schon vor vielen Jahren zerlegt und verschrottet wurde.

Fortschritt von einst: Mächtige Hallen und Elektroheizung

Stillgelegt und in Stufen rückgebaut wurde eine Anlage, die einst den industriellen Aufstieg Pirnas erst möglich gemacht hatte: Am 1. Juli 1913 war die Elbtalzentrale ans Netz gegangen. Schon 1911 war die Elbtalzentrale Aktiengesellschaft gegründet worden. Mit dem Bau des Kraftwerks wurde der Ingenieur Werner Issel beauftragt. Die Elbtalzentrale war eines seiner ersten Projekte, später entwarf er Kraftwerke in allen wichtigen Industriezentren des Deutschen Reiches – in Bitterfeld ebenso wie in Berlin-Rummelsburg oder im Ruhrgebiet. Pirna war ein vergleichsweise kleines Objekt, und so genügte zunächst eine 5000 PS starke Dampfturbine. Sie verbrannte die Braunkohle, die über das benachbarte Bahngleis aus der Niederlausitz nach Pirna transportiert wurde. 1916 wurde nachgerüstet – eine 16 000-PS-Turbine kam dazu. Jetzt war das Kraftwerk in der Lage, große Teile des südöstlichen Sachsen mit Strom zu versorgen – von den Dresdner Vororten bis zur Landesgrenze nach Böhmen. Doch schneller als die Kapazität der Elbtalzentrale wuchs der Energiebedarf des Industrielandes: In Hirschfelde, Laute und Böhlen ent-

standen neue Großkraftwerke. 1924 drängte dann die Landeselektrizitätsverordnung Ostsachsen die Elbtalzentrale in eine Nebenrolle. Ihre Kessel, Turbinen und Generatoren wurden nur noch angeworfen, wenn es anderswo klemmte: »Das Kraftwerk Pirna hat ... seine Tätigkeit nur dann aufzunehmen, wenn die genannten Hauptkraftwerke zu bestimmten Tages- und Jahreszeiten einer Unterstützung bedürfen«, entschied der Rat der Stadt Pirna. 1929 erlosch das Feuer endgültig. Gerade einmal sechzehn Jahre wurde in den prächtigen Hallen Strom produziert, danach wurde nur noch das Schalthaus als Umspannwerk genutzt.

Diese Nebenrolle spielte der einstige Palast der Elektrizität bis in die 1970er Jahre. Seine sieben schlanken Kamine waren da schon lange verschwunden. Und als dann das Stromnetz von sechs auf zwanzig Kilovolt umgerüstet wurde, waren auch die Schaltanlagen unbrauchbar. Das Kraftwerk wurde zur Lagerhalle – bis ins Jahr 8 nach der Wiedervereinigung.

Vielleicht war es ja diese Degradierung in Raten, die der Elbtalzentrale weitere Modernisierungen ersparte. Auf braun marmorierten Fliesen prangen noch heute die in schwarzes Metall gefassten Zähler für Volt und Ampere. Hellblaue Fliesen säumen eine opulente Freitreppe. Und selbst die Jugendstil-Leuchten wurden nicht durch die DDR-Strahler im Einheitsdesign ersetzt. Doch was Jahrzehnte der Vernachlässigung nicht zerstören konnten, litt schließlich unter Leerstand und Vandalismus: Messgeräte, die von selbst nie aus der Wand gefallen wären, liegen am Boden. Unter den Schritten knirschen Scherben. Und an den meisten Wänden hat die Street Art den Jugendstil als prägende Kunstform verdrängt. Mittlerweile ist das Denkmal versiegelt. Was von der einstigen Pracht noch übrig ist, wird hinter rasch aufgemauerten Absperrungen konserviert.

Die Ziegelsteine in Fensteröffnungen und Türen können ungebetene Besucher fernhalten – Wind, Wasser und Wetter halten sie nicht auf. In den kleinen Büroräumen hinter der großen Halle ist der Boden so weich, wie die Zimmerdecke feucht und morsch ist. Und unter herabgestürzten Trümmern ruht ein Relikt, das daran erinnert, dass das Zeitalter der Elektrizität nicht nur glamouröse Leuchtreklamen hervorgebracht hat: der Überrest eines Nachtspeicherofens aus volkseigener Produktion. *AS*

Vorige Doppelseite: Die Natur erobert sich die Maschinenhalle zurück

Der Mahlzahn der Zeit

Weizenmühle im Plauenschen Grund

»Wer in Dresden gewesen war, musste, wie in Rom den Papst, so hier den Plauenschen Grund gesehen haben.« Pathetische Formulierungen wie diese aus einem 1882 verfassten Jahrbuch künden von der Sehenswürdigkeit des Tales. Und auch heute noch ragen dunkelbraune Felsenwände, schief wie Kulissen einer Schaubühne, am Ufer der Weißeritz auf und bilden ein enges, pittoreskes Tal. Der Fluss trägt nicht nur zur Schönheit der Landschaft bei. In ihm schlummert auch die Kraft zu deren Verwüstung: Beim Hochwasser von 2002 etwa entfaltete er enorme Kräfte – fast auf ihrer gesamten Länge wurde die Eisenbahnstrecke, die sich durch das Tal schlängelt, zerstört, Teile des Bahndamms wurden weggespült. Auch heute, wo die Züge längst wieder fahren, sind die Spuren einstiger Zerstörung noch sichtbar. Das zu glatt, zu künstlich geschichtete Mauerwerk der neuen Uferdämme kontrastiert mit der Naturschönheit des Tals. Es ist ein Mahnmal, das die Angst vor weiteren Katastrophen wachhält.

Weithin sichtbar: Siloturm der Weizenmühle

Schließlich kann es wiederkommen, das unheilvolle Hochwasser. Und dann drohen die Wassermassen auch den mächtigen Rundturm wieder zu fluten, der mit seinem spitzen Dach wie eine Landmarke am Fuß der Heidenschanze aufragt: ein Gefängnis mit hohen Mauern, wie es die Hexe für die goldblonde Königstochter Rapunzel im gleichnamigen Märchen fand.

Ausgemahlen: Einstmals moderne Mühlentechnik verfällt

Angst ist auch das Gefühl, das sich im Innern des Turmes als Erstes einstellt. Nicht nur, weil die wenigen Lichtstrahlen, die durch zerbrochene Fensterscheiben und Löcher im Gemäuer Einlass finden, wenig Sicht spenden. In der Dunkelheit steigt zudem muffiger Modergeruch in die Nase. Im Schein der Taschenlampe erhellt sich die Ursache des üblen Geruchs: Er dringt aus unzähligen Pappkartons, die kreuz und quer über den Boden verteilt liegen. Ihr Inhalt besteht aus Altpapier, Klamotten, alten Gerätschaften, Verpackungen von Lebensmitteln – und einer Schultüte. All das stammt wohl kaum aus dem Besitz einer gefangen genommenen Prinzessin. Stattdessen dürfte es sich um Überbleibsel eines armseligen Haushalts handeln: Reste von Privatheit, deren Herkunft und Bedeutung sich nicht ohne weiteres erschließt.

Erst nach allmählicher Gewöhnung der Augen an die Dunkelheit offenbart der Blick nach oben trichterförmige Speicherzellen, die dort angebracht sind. Sie tragen schwarze Nummern, die auf einer alten Tafel, der »Zellentafel Turmsilo«, erläutert werden. Bis zwanzig reicht die Nummerierung. Der Turm war ein Speicher, in dessen Zellen große Mengen Korn gelagert wurden. 1917 ließen ihn die Gebrüder Braune errichten.

1903 war den beiden Großbäckern ein Coup gelungen, indem sie dem sächsischen Kriegsministerium die 1830 gegründete Garnisonsmühle am Fuß der Heidenschanze abkauften. Diese gliederten sie ihren in Nachbarschaft befindlichen Roggen- und Weizenmühlen an. Das neuentstandene Großunternehmen firmierte stolz als »König-Friedrich-August-Mühlenwerke«. Der hochtrabende Name taucht auf den Gebäuden allerdings nicht auf – auf den backsteinroten Außenmauern des ältesten Gebäudetrakts steht nur die nüchterne Bezeichnung »Weizenmühle«. In den modernen Lettern der Aufschrift findet das anbrechende 20. Jahrhundert seinen Widerhall.

Das legendäre Klappern der Mühlen im Plauenschen Grund war schon damals lange verklungen. Der Dichter Wilhelm Müller hatte es in seinen Gedichten lobgepriesen, Franz Schubert vertont. Im deutschen Volksliedschatz hallt die weit über vierhundertjährige Mühlengeschichte des Plauenschen Grundes nach. Zur Zeit der Braunes setzte man längst nicht mehr nur auf Wasserkraft. In ihrer Weizenmühle kam die Technik amerikanischen Typs zur Anwendung: von rotierenden Sieben und Kränen über leistungssteigernde Sichtzylinder bis hin zur Zwischenlagerung des Getreides in metallenen Vorratsbehältern. Die Gebrüder Braune erhofften sich einen Wettbewerbsvorteil durch die hochmoderne Technik, denn die Konkurrenz war scharf – und saß ihnen direkt im Nacken: Nicht unweit ihrer Mühlen hatte Gottlieb Traugott Bienert die alte Hofmühle übernommen und war zwischenzeitlich zum reichsten Mann Sachsens aufgestiegen.

Rutsche mit Rostbefall: Die Förderschnecke

Inwieweit sich die Konkurrenz belebend auswirkte, ist nicht übermittelt. Fest steht, dass mit dem Zweiten Weltkrieg für beide Großunternehmen Schluss war. Nicht zum ersten Mal in der Geschichte der Mühlen an der Heidenschanze wurde danach für militärische Zwecke produziert, diesmal allerdings weder Pulver noch Komissbrot, sondern Schmiermittel für die Rüstung. Wie geschmiert schwenkte die Produktion nach 1945 wieder auf Brotproduktion um – als Konsum-Backwarenbetrieb. Bis zur friedlichen Revolution wurde im Volkseigenen Betrieb der Getreidewirtschaft zugespielt und im dreißig Meter hohen Siloturm Getreide gelagert.

Schriftzug aus besseren Tagen

Seit über zwanzig Jahren liegen nun die letzten Weizenkörner auf dem Boden. Noch sind sie, ebenso wie die umgebenden Turmmauern, nicht vom Mahlzahn der Zeit verrieben. Die Holzdecken und -böden im ältesten Gebäudetrakt indes sind teils herabgestürzt und werden langsam wieder zu Natur. Die Förderspiralen haben eine Rostschicht angesetzt. Durch Spalten und Risse eindringendes Sonnenlicht taucht sie in schönste Bronzetöne. Fast wie metallene Preziosen wirken die Rostblumen dadurch. Geradezu elegant wirkt der Verfall, wo Reste metallener Röhren sich wie zu einem Stillleben geordnet finden.

Gerade im glücklichsten Zeitalter des Plauenschen Grunds, in der Romantik, galten verfallene Bauwerke als Sehnsuchtsorte. Als Erinnerungen an eine verlorengegangene Welt. Hans Christian Andersen, E.T.A. Hoffmann, Caspar David Friedrich – namhafte Künstler ergötzten sich an der rauhen Schönheit des immer wieder von Hochwassern gebeutelten Weißeritztals. Und noch heute weist der Turm der Weizenmühle in die Welt von Mythen und Märchen. *CG*

Vorige Doppelseite: Ein Stillleben aus rostenden Röhren

Fleischverarbeitungsfabrik des Konsumvereins »Vorwärts«

In immer noch kraftvollem Ziegelrot und in schwungvoller Dynamik dem kurvigen Straßenverlauf angepasst, bezeugt die ehemalige Fleischverarbeitungsfabrik des Konsumvereins »Vorwärts« den Befreiungsakt der Neuen Sachlichkeit von den Schnörkeln, Kringeln und Kröpfen der Vergangenheit. Seit 1931 wurde hier gutes Fleisch für die Arbeiterschaft angeliefert, zerlegt, verarbeitet und verpackt, um dann in den Konsumläden der schon damals auf eine über vierzigjährige Geschichte zurückblickenden Genossenschaft verkauft zu werden. Gegen Barzahlung, versteht sich. Und trotz der Tilgung des sozialdemokratischen Namens durch die Nationalsozialisten und der späteren Zwangsauflösung des Vereins ging es nach dem Zweiten Weltkrieg bald

Die Zeiger stehen still: Nichts rührt sich in der alten Fleischfabrik

schon wieder *vorwärts* im genossenschaftlichen Sinn. Bis kurz nach der friedlichen Revolution.

Jetzt rücken die Zeiger der Werksuhr schon zwei Jahrzehnte lang nicht mehr vorwärts. Sie sind auf halb neun stehengeblieben. Ein stummes Zeugnis des Stillstands. Zwischen den Pflastersteinen der Laderampen haben sich Grashalme und Kräuter breitgemacht. Und eine kleine Birke grünt dort, wo einst das noch unverarbeitete Fleisch in den Tiefen eines hochmodernen unterirdischen Transporttunnels verschwand, um dann im Innern des elegant geschwungenen Baus aus wuchtigen Fahrschächten in die Verarbeitungshallen geholt zu werden. Ein hölzernes Schneidebrett findet sich noch in einem der Schächte. Ein letztes Relikt aus besseren Tagen – und das letzte eines ganzen Kataloges von Objekten, die ein vergilbtes Papier für Reinigungs- und Desinfektionsarbeiten auflistet. Aus dem Juni 1991 stammt das an die Innenseite der Schichtleiter-Kabine geklebte Dokument. Unter dem Slogan »vielseitig und schmackhaft« schreibt »Meister's Fleischwaren« eine lange Reihe von hygienischen Maßnahmen vor.

„Rote Moderne": Fabrikfassade

Heute ist die große Halle im ersten der fünf Geschosse von allem Inventar gründlich bereinigt. Von Reinheit spürt man dennoch nichts mehr. Wo einst penibel auf Hygiene geachtet wurde, sammelt sich jetzt der Taubenkot auf den Fliesen. Die Abflussschächte sind verrostet. Staub und aufgeweichter Mörtel bedecken die einst klinisch reinen Fliesenböden. Bei jedem Schritt krachen Glasscherben, und die Fenster, aus denen das Glas stammt, sind vernagelt.

Dennoch: Trotz allen Verfalls verströmt die alte Fabrik noch immer den Schwung jener »Goldenen Zwanzigerjahre«, in denen Klaus Bärbig das Bauwerk ersann. In rotem Klinker, orientiert an der »Roten Moderne«, entwarf der gewerkschaftsnahe Dresdner Architekt einen Bau, mit dem er bei der Ausschreibung sogar den weitaus bekannteren Walter Gropius ausstach. Den schwungvollen Gestus übernahm er von Erich Mendelssohn, der, nur unwesentlich älter als Bärbig, bereits zu einer herausragenden Persönlichkeit der 1920er Jahre aufgestiegen war.

Es ist in der Tat jene Dynamik, die Musikalität jener Jahre, die Kurt Bärbig mit seinem Bau für Dresden einfing. Musikalität? Ja, es schwingt nicht nur, es swingt. Auch in der heutigen Ruine ist er noch spürbar: der unwiderstehliche Rhythmus jener Zeit. Die leergefegten Hallen laden zu großzügigem Schreiten ein. Wenn nicht sogar zu übermütigem Quickstep. Besser zum Sound eines Swing-Orchesters als zum Flattern der Fledermäuse, die heute durch die leeren Hallen huschen. Musik der 1920er Jahre ... Ja, das wäre eine würdige Form der Wiederbelebung: Musik, Tanz!

Schwungvoll führen auch die gewundenen Treppen in dem der Straße zugewandten Turm, dem architektonischen Highlight des Komplexes, nach

Industriedenkmal mit schöner Aussicht, aber wenig Perspektive

oben. Es sind Treppen, auf denen auch der heimtückische Dr. Caligari, die große Gruselfigur des Kinos der Weimarer Zeit, schleichen könnte. In einer Fleischverarbeitungsfabrik hätte sich der mörderische Impressario sicher auch wohl gefühlt. Umgeben vom Geruch rohen Fleisches.

Der derbe Duft der Metzgerei ist längst verflogen. Und in der vierten

Innere Leere: Fleischverarbeitungshalle ohne Inventar

Etage des sechsgeschossigen Baus zeigt sich die wahre Quelle dessen, was heute in die Nase steigt: Milchig trüb sind die Scheiben nach einem heftigen Brand. Im unteren Bereich gleitet die Trübnis in leuchtendes Orangerot über. Der einzige warme Ton in diesem ansonsten elend düsteren Szenario. Ist hier eine Grillparty außer Kontrolle geraten? Oder war ein leidenschaftlicher Pyromane am Werk?

Womöglich hätte selbst der düstere Caligari, seinen steifen Gehrock eilends raffend, den Weg in die Freiheit gewählt. Atemlos wäre er an die frische Luft geflüchtet. Um auf der Balustrade neuen Atem zu schöpfen. Erleichtert hätte er aufgeseufzt beim Anblick des fern hinter den Eisenbahnschienen sichtbaren Riesenrades auf der Vogelwiese. Das Rad, so hätte er festgestellt, dreht sich unaufhaltsam weiter. Wovon er zum Glück nichts ahnt, der Herr Caligari: Auf dem Striezelmarkt werden heute bevorzugt XXL-Würste feilgeboten. Eine grobe Perversion des guten Fleischkonsums, der damals angestrebt wurde, als die Fabrik ganz im Sinne des Arbeiterwohls entstand. CG

Vorige Doppelseite: Waschraum in schönem Terrazzo

Die Klinik der Erinnerung

Poliklinik des VEB Sächsisches Kunstseidenwerk »Siegfried Rädel«

Jede Zeit hat ihre Helden. Es gibt vom Volk geliebte und von den Regierungen verordnete Helden. Es gibt Helden aus Sport und Musik, aus Politik und Wissenschaft – früher gerne auch aus dem Militär. Und Helden genießen ein besonderes Privileg: Sie kommen in den Genuss der Unsterblichkeit. Zumindest ihre Namen überdauern die Zeit. Auf Straßenschildern und in Stadtplänen leben sie fort, selbst wenn die Verdienste der Namensträger langsam aus dem kollektiven Gedächtnis verschwinden. Sogar politische Systemwechsel überstehen sie überraschend häufig. Und so gibt es bis heute die Hindenburg-Straßen im Westen Deutschlands und die Clara-Zetkin-Straßen und Rosa-Luxemburg-Plätze in den Ländern der ehemaligen DDR.

Ruine im Gewerbegebiet: Die alte Poliklinik

Auch an den KPD-Reichstagsabgeordneten Siegfried Rädel erinnert bis heute eine Straße in Pirna. Und am Stadtrand steht sein Name groß an einer Hausfassade. Doch die Fassade selbst ist graubraun und brüchig. Reste von Markisen hängen schief in rostigen Gestellen. In der Dachrinne wächst Gras. Der Schriftzug an der Fassade aber ist für die Ewigkeit gemacht. Dauerhaft, aus Kunststein und in erhabenen Buchstaben, steht es an der Wand: »Betriebspoliklinik VEB Sächsisches Kunstseidenwerk ›Siegfried Rädel‹«.

Die Poliklinik ist der letzte Rest eines Großbetriebs, der zu seinen besten Zeiten bis zu viertausend Menschen Arbeit gab. Schon vor dem Ers-

Arztsprechstunden
in der Betriebs-Poliklinik
Arzt:
Montag:
Dienstag:
Mittwoch
Donnerstag:
Freitag:

Tristesse im Souterrain: Das frühere Labor

ten Weltkrieg wurden hier sechs Prozent der weltweit produzierten Kunstseide hergestellt. Heute dagegen ist das Gelände überwuchert. Ein offener Verschlag sackt unter der Last des eigenen Daches langsam in sich zusammen. Darunter verrottet ein zur Altlast gewordenes DDR-Statussymbol: ein weißer Wartburg, aufgebockt und ausgeschlachtet. Dahinter beginnt das freie Feld. Dort, wo einst die Wirkungsstätte Siegfried Rädels war.

Rädels Biographie ist ein klassischer kommunistischer Lebenslauf, mit tragischem Ende: 1893 geboren, war der gelernte Zimmermann zunächst SPD-Mitglied, wechselte später zur KPD, gehörte während der Novemberrevolution dem Pirnaer Arbeiter- und Soldatenrat an und wurde 1919 Betriebsratsvorsitzender des Pirnaer Kunstseidenwerks. Seine offen geführten Auseinandersetzungen mit dem Fabrikanten Hugo Küttner empfahlen ihn für höhere Aufgaben, und von 1924 bis 1933 war er Reichstagsabgeordneter. Während der NS-Diktatur fand er im französischen Exil zunächst Sicherheit – bis die Vichy-Regierung ihn 1943 nach Deutschland auslieferte, wo ihn der Volksgerichtshof zum Tode verurteilte.

Vorige Doppelseite: Die letzte Sprechstunde ist lange her

Biographien wie die Rädels waren von hoher symbolischer Bedeutung für das antifaschistische Selbstverständnis der DDR. Und so lag es nahe, nicht nur sein Porträt auf Briefmarken zu drucken und seinen Namen auf Straßenschilder zu schreiben, sondern auch einen Betrieb nach ihm zu benennen. Den Betrieb, in dem seine politische Laufbahn begann. Und dieser war in den frühen DDR-Jahren hochmodern: Dass die Sowjets kurz nach Kriegsende die Anlagen der traditionsreichen Hugo Friedrich Küttner AG demontiert hatten und so einen Neubau nötig machten, verschaffte dem Pirnaer Werk einen Technologiesprung. Neben modernen Anlagen entstand alles, was zum Ideal eines sozialistischem Betriebs gehörte: Werkswohnungen, Kindertagesstätten – und die betriebseigene Poliklinik. Unter dem Namen des kommunistischen Widerstandskämpfers entstand ein Betrieb, der für das neue Deutschland stehen sollte.

Der Klinikbau aus den 1950er Jahren strahlt bis heute noch diesen Stolz auf die gesellschaftlichen Errungenschaften aus. Filigrane Geländer, dezente Säulen und großzügige Fensterflächen fallen auf – Gestaltungselemente, wie man sie auch von Fabrikantenvillen dieser Zeit im Westen kennt. Hochwertige Details verraten viel über das Selbstbewusstsein der Erbauer. Im Eingangsbereich weisen statt schlichter Anschlagstafeln sorgsam auf die Wand geklebte Gipsbuchstaben den Weg zu den einzelnen Abteilungen – zum Labor und zur Badeabteilung im Kellergeschoss, zum Chefarzt und zur Chirurgie im Erdgeschoss. Und im Obergeschoss links wartete der Facharzt für Frauenleiden auf die Patientinnen. Die Ölfarbe zwischen den Buchstaben löst sich in gro-

Zurückhaltende Eleganz: Das Treppenhaus

ßen Brocken von der Wand. Einige der Gipsbuchstaben sind Opfer von Souvenirjägern geworden.

Geheilt wird hier niemand mehr. Das Leben ist anderswo. Zum Beispiel auf der gegenüberliegenden Straßenseite, wo sich vor einer McDonald's-Filiale lange Schlangen bilden. Und zwischen Schutt und Staub stapeln sich leere Becher und Burger-Schachteln in den Klinikfluren – der US-Fast-Food-Imperialismus macht auch vor dem Ex-VEB nicht halt.

Liebevoll geklebt: Wegweiser am Eingang

Die DDR überlebte der Volkseigene Betrieb Kunstseidenwerk »Siegfried Rädel« nur kurz. Schon 1993 wurde er abgewickelt – unter anderem wegen der enormen Umweltbelastungen. Denn die waren so heftig, dass Ärzte schon den Begriff des »Pirna-Syndroms« geprägt hatten – eine Kombination aus Abgeschlagenheit, Schwindel, Kopf- und Gliederschmerzen. Nachdem das Werk geschlossen worden war, hatte Pirna bessere Luft – aber auch 2700 Arbeitsplätze weniger. Dieses Dilemma der Nachwendezeit dokumentierte Anfang 1990 die Wochenzeitung »Die Zeit«. Deren Redakteur wägte zwischen der »ökologischen und der ökonomischen Krise« ab und berichtete von der verzweifelten Suche der Kommunalpolitiker nach einem potenten Investor aus dem Westen.

Am Ende scheiterten alle Versuche. Das Werk ging unter. Ein Teil der Seidenfabrik wurde für ein paar Jahre zum Club, in dem die »Plastix-Crew« die Dancefloors füllte. Dann wurde das Areal abgeräumt. Nur die Klinikruine blieb. Auf einem Teil der Brache haben sich inzwischen wieder Firmen angesiedelt. Und an die textile Tradition erinnert nur ein Weg am Rande des Gewerbegebiets. Er trägt nicht mehr die Namen einstiger Helden. Er heißt schlicht »Kunstseidenstraße«. *AS*

Die Perle ohne Politur

Schloss Übigau

Eine kleine Hochzeitsgesellschaft strandet, rein zufällig, am rechten Ufer der Elbe. Und vor dem heruntergekommenen Schloss Übigau wird in einer improvisierten Gartenwirtschaft Kaffee, Saft und Sekt ausgeschenkt. Mit einem Glas Sekt in der Hand erfreut sich das junge Paar der prächtigen Umgebung.

So viel Zufall perlt nur im Freiraum moderner Lebensläufe. Zu den Zeiten, als Schloss Übigau entstand, waren die Dinge anders. Erbaut 1724–26, in der Regierungszeit von August dem Starken, war es Teil eines durchkomponierten Vergnügungskonzepts des Generalfeldmarschalls, Geheimrats und Reichsgrafen Jacob Heinrich von Flemming. Der barocke Impressario überließ nichts dem Zufall und wählte einen

Trotzen der Witterung: Herkules und Mars am Schlossportal in Übigau

Vernagelt: Fenster ohne Aussicht

berühmten Architekten für sein Vorhaben: Eosander von Göthe. Dessen bekanntester Bau war das Westportal des Berliner Stadtschlosses. Während dieses 1950 gesprengt wurde, ist sein Spätwerk Übigau bis heute zu bewundern. Gemeinsam mit Schloss Pillnitz und dem Japanischen Palais reiht sich das Sommerschloss als weitere Perle in die Kette der rechtselbischen Lustschlösser. Es öffnet sich, auch das verbindet die drei Dresdener Bauten, zum Fluss hin über eine doppelläufige Treppenanlage – zum Gondelhafen. Rassige Gondolieri, eigens aus Venedig an die Elbe geholt, beförderten einst Hofdamen samt ihrer Galanen zum heiteren Divertissement von Lustresidenz zu Lustresidenz.

Venezianische Stimmung kommt heute allerdings kaum mehr auf, selbst bei Sonnenschein. Wer über die Elbe Zugang sucht, landet vor einem Bauzaun. Borstiges Gestrüpp hat sich über den steinernen Treppen breitgemacht und versperrt den leichtfüßigen Zutritt. Wo einst gepflegte Boskette zwischen Fontänen zum ländlich-gekünstelten Charme beitrugen, wächst heute einfacher Rasen. Immerhin, er wird regelmäßig gemäht. Das Schloss selbst ist verwaist. Die schlichte, an die italienische Hochrenaissance angelehnte Fassade ist von Narben übersäht. Das schön geschweifte Dach, das sich wie bei einer italienischen Villa über einer eleganten zweigeschossigen Arkadenreihe erhebt, hat Löcher. Die Fenster sind mit Brettern verschlossen, einige Scheiben fehlen, und am Trauf verwittert das Wappen von August dem Starken. Nur das verschlungene Monogramm trotzt dem Zahn der Zeit: AR – Augustus Rex.

Die Großartigkeit einer Architektur aus vergangener Zeit, sie verblasst nicht nur aufgrund von Verfall und Verwahrlosung. Hin und wieder verblasst sie auch, weil das Gepräge der Umgebung allen Ursprung vergessen macht. Denn Schloss Übigau, die Perle, die heute ohne Politur auskommen muss, wurde allzu früh vom Dampf umwölkt und stumpf. Vom Dampf, mit dem sich das Industriezeitalter in Sachsen vehement Bahn brach.

1836 fällt die schmucke Immobilie in den Besitz der Aktien-Maschinenbauanstalt-Gesellschaft zu Übigau. Das Unternehmen fertigt Dampfmaschinen für Schiffe. Mit Johann Andreas Schubert gewinnt es einen genialen Konstrukteur für sein Direktorium, der 1837 mit der »Königin Maria« das erste Dampfschiff der Oberelbe vom Stapel laufen lässt.

Von nun an gleiten keine Gondeln für Galanen und Damen mehr über die Elbe. Jetzt befördern Passagierdampfer ausflugssüchtige Massen ins nahe gelegene Elbsandsteingebirge: Die Geburtsstunde der Weißen Flotte hat geschlagen. Und ein weiteres Kind des technischen Zeitalters liegt in den Wehen. Schubert versteht sich auf Dampf, genauer gesagt auf Voll-

Noble Rumpelkammer: Im Schloss sammelt sich Sperrmüll

WERDE